Steffen Anton

100 Seiten Film

Vierte Ausgabe 2012
Umschlaggestaltung: Richard Waltrich

mehr Infos unter www.televisionforchicken.de

ISBN: 978-1-4710-4420-5

Gewidmet der Frau, der ich mein Leben widme
16.09.2011 Las Vegas, Nevada!

Vorwort

Wer mein Buch „100 Filme in einer Olympiade“ kennt, welches 2007 erschienen ist, und nach wie vor über Plattformen wie „Amazon“ erhältlich ist, der wird sofort mit Stil und Struktur des vorliegenden Werks vertraut sein.

Da das Bedürfnis in mir nach wie vor sehr groß ist, meine Gedanken zu Filmen niederzuschreiben, lag die Idee nahe, das gesammelte Material erneut zu veröffentlichen.

Obwohl seit 2007 wieder eine „Olympiade“ vergangen ist, also der Zeitraum von vier Jahren, enthält das Buch anstatt 100 Filmen nur gut die Hälfte, welche jedoch auf exakt 100 Seiten besprochen werden. So erklärt sich natürlich der Buchtitel. Die Kritiken sind dieses Mal zu einem großen Teil wesentlich ausführlicher geraten.

Ein besonderer Dank gilt meinem Freund Richard Waltrich, der freundlicherweise die Gestaltung des Covers für mich übernommen hat, und damit, wie ich finde, Großartiges geleistet hat hat.

Wie immer spiegeln die Texte nur meine persönliche Meinung wieder und erheben keinesfalls den Anspruch auf Allgemeingültigkeit. Dies war auch nicht meine Absicht. Vielmehr soll das Buch den Leser zu einer eigenen Auseinandersetzung anregen, und vielleicht das Interesse für den einen oder anderen Film wecken.

Steffen Anton, im Dezember 2011

Inhalt

300

USA 2007, Länge: 116 Min.

R: Zack Snyder, D: Gerard Butler, Lena Headey, David Wenham

Wir schreiben das Jahr 500 vor Christi Geburt. Perserkönig Xerxes überzieht ganz Griechenland mit Krieg. Mit einem gigantischen, fast eine Million Mann umfassenden Heer fällt er in Sparta ein. Der spartanische König Leonidas (Gerard Butler) stellt sich mit seinen 300 besten Kämpfern der Übermacht entgegen. Bei den Thermopylen, einer schmalen Schlucht, kommt es zur Schlacht...

Frank Miller, der für seine düsteren Comics wie „Sin City“ und „Return of the Dark Knight“ bekannt ist, zeichnet auch für das kongeniale Graphic Novel „300“ verantwortlich. Wer Millers Stil kennt, weiß daß die filmische Umsetzung Probleme mit sich bringt. Zack Snyder, von allen gelobt für sein „Dawn of the Dead“ Remake, hat sich an diese Aufgabe herangewagt, und diese mit Bravour erledigt. Heraus kam ein Film, der dem Comic künstlerisch in nichts nachsteht, und auch locker mit „Sin City“ mithalten kann. Bronzefarbene Bilder, spektakuläre Schlachtszenen und das geschickte Spiel mit Zeitlupe und Zeitraffer zeichnen die Optik von Snyders Umsetzung aus. Aber nicht nur die weiß zu überzeugen, auch die Hauptdarsteller Gerard Butler und Lena Heady wurden clever ausgewählt und strahlen eine derartige physische Präsenz aus, daß man eine Gänsehaut bekommt.
Sicherlich kann man dem Film eine gewisse Einseitigkeit der Sichtweise und eine mangelnde Vielschichtigkeit vorwerfen. Aber wer so etwas tut, hat die Absicht der Macher nicht verstanden. Andere Streifen wie „Der Herr der Ringe“ hatten weniger mit solchen Dingen zu kämpfen, obwohl sie sich in dieser Hinsicht auch nicht gerade mit Ruhm bekleckerten. Die Absicht, den Zuschauer zwei Stunden zu fesseln und zu unterhalten, wurde jedoch konsequent verfolgt und das Ziel wurde voll erreicht.

Alien Autopsy – Das All zu Gast bei Freunden (Alien Autopsy)

USA 2006, Länge: 95 Min.

R: Jonny Campbell, D: Declan Donnelly, Ant McPartlin, Harry Dean Stanton, Bill Pullman, Omid Djalili, Orson Bean, Nichole Hiltz, Götz Otto

Der Name Ray Santilli dürfte jedem bekannt sein, der sich auch nur ansatzweise für UFOs und Ausserirdische interessiert. 1995 ging er mit einer scheinbaren Sensation an die Öffentlichkeit: Er wollte im Besitz von Videoaufnahmen sein, welche die Obduktion eines humanoiden Aliens zeigen, das beim Roswell-UFO-Absturz von 1947 ums Leben kam. Das Medieninteresse war gewaltig, und schnell wurden auch die Kritikerstimmen laut. Das Video sei eine eindeutige Fälschung, Santilli somit ein Schwindler. Erst 2006 kam dann die Wahrheit ans Tageslicht. In einem Interview des britischen Senders Sky One gab Santilli zu, den Film quasi selbst gedreht zu haben.

„Alien Autopsy" ist die satirische Aufarbeitung des Geständnisses, und in Rückblenden wird erzählt, wie es überhaupt zu der aberwitzigen Aktion kommen konnte. Im Jahr 1995 bekommt Ray Santilli (Declan Donnelly), der sich mit dem Anfertigen von Raubkopien für den Video-Schwarzmarkt über Wasser hält, ein einmaliges Angebot: ein ehemaliger Angestellter des US-Militärs (Harry Dean Stanton), der dort als Kameramann angestellt war, will im Besitz von Videoaufnahmen sein, welche die Obduktion eines Ausserirdischen zeigen. Er verlangt jedoch 30.000 Dollar dafür. Die besorgt sich Santilli flugs von Lazslo Voros (Götz Otto), einem bekannten Drogenhändler und Unterweltboß mit Faible für UFOs und Kornkreise. Zurück in Europa erwartet ihn ein Schock: das Filmmaterial hat sich zersetzt und ist völlig unbrauchbar. Da ihm jedoch Voros im Nacken sitzt, kommt ihm die rettende Idee: warum nicht einfach ein Remake drehen? Und so wird das Wohnzimmer der Schwester von Rays Kumpel Gary (Ant McPartlin) flugs in ein Untersuchungslabor umfunktioniert, und eine Schaufensterpuppe wird mit etwas Latex und ein paar Innereien vom Metzger so präpariert, daß sie einem Alien täuschend ähnlich sieht. Das Resultat ist überwältigend: der dilletantische Film geht um die ganze Welt, und Santilli wird auf einen Schlag reich und berühmt.

Die unglaubliche, aber wahre Geschichte wird mit mehr als einem Augenzwinkern erzählt. So werden die Filmaufnahmen der „Obduktion" von Döner-Verkäufer Melik gemacht, der an seinen Wochenenden Hochzeits-Videos dreht. Ständig läuft beim Dreh etwas schief, einmal erscheint die Oma mit einen Teller Plätzchen vor der Kamera, ein anderes Mal fällt das „Gehirn" des Aliens, das aus Hackfleisch, Rinderblut und einer Damenstrumpfhose besteht, auf den guten Wohnzimmerteppich. Und als alle Welt nach dem Kameramann schreit, der die Originalaufnahmen gemacht und von dem Santilli das Video gekauft hat, wird für ein gestelltes Interview einfach ein Penner von der Strasse geholt und hergerichtet, während der echte Kameramann empört vor dem Fernseher sitzt.

„Alien Autopsy" strotzt nur so vor köstlichen Einfällen und witzigen Charakteren. Der deutsche Schauspieler Götz Otto zum Beispiel brilliert als schwuler Drogenboß und Kornkreis-Fanatiker.

Fazit: Anschauen und ablachen. Wer es nicht tut, den mögen die Aliens entführen!

Aliens Vs Predator 2 (Aliens Vs Predator: Requiem)

USA 2007, Länge: 90 Min.

R: Colin Strause, Greg Strause, D: John Ortiz, Steven Pasquale, Johnny Lewis, Reiko Aylesworth

Daß ein erfolgreiches Franchise ausgepreßt wird bis zum letzten Tropfen, ist ja im Filmgeschäft hinlänglich bekannt. Die „Saw"-Reihe ist hierfür ein gutes Beispiel. Und wenn man gar keine Ideen mehr hat, kann man auch gern zwei ähnlich gelagerte Franchises miteinander verknüpfen, so gesehen bei „Freddy Vs Jason" und „Alien Vs Predator". Letzteres war nicht gerade eine filmische Offenbarung, trotzdem hatte der Streifen anscheinend seine Zuschauer, weshalb wir jetzt mit einer Fortsetzung beglückt werden. Diesmal geht der Kampf jedoch nicht in einer verlassenen Forschungsstation in der Antarktis weiter, sondern in einer von Menschen bevölkerten Stadt! Aliens haben sich hier eingenistet, und ein einzelner Predator solls nun richten. Die menschlichen Charaktere sind wieder einmal die übliche Ansammlung von oberflächlichen Stereotypen, aber diese sind natürlich nur Nebendarsteller. Denn es geht ja in erster Linie um Aliens und Predatoren, und die lassen es natürlich krachen!

Während aber der erste Teil des sogenannten „Crossovers" noch einen gewissen Charme hatte und wenigstens entfernt an die „Alien"-Klassiker erinnerte (was nicht zuletzt am Gastauftritt von Lance Henriksen lag), versagt die Fortsetzung auf ganzer Linie. Die Handlung ist so simpel wie vorhersehbar, es kommt selten einmal wirkliche Spannung auf, und die „Predator-Aliens" mit ihren Rasta-Zöpfen sehen einfach nur lächerlich aus. Am Ende unternehmen die Drehbuchautoren durch den Auftritt von „Miss Yutani" zwar noch den Versuch, den Bogen zur Vergangenheit zu schlagen, aber so etwas wie innere Kontinuität entsteht dadurch trotzdem nicht. Daher kann man, so bitter das auch klingen mag, sagen: mit diesem Film wird der Mythos beider Serien endgültig zu Grabe getragen.

Ananas Express (Pineapple Express)

USA 2008, Länge: 101 Min.

R: David Gordon Green, D: Seth Rogen, James Franco, Danny R. McBride, Gary Cole, Rosie Perez

USA 1937: In einer geheimen Militärbasis werden die Auswirkungen von Marihuana auf Menschen getestet. Jedoch werden die Experimente eingestellt und geheim gehalten, da sie anscheinend nicht den gewünschten Erfolg bringen.
Ca. 70 Jahre später: der dauernd bekiffte Dale Denton (Seth Rogen) arbeitet als Gerichtszusteller und hängt am liebsten mit seinem besten Kumpel und Dealer Saul Silver (James Franco) ab. Als Dale eines Tages zufällig beobachtet, wie Drogenhändler Ted Jones (Gary Cole) gemeinsam mit einer Polizistin (Rosie Perez) einen Menschen ermordet, steht er auf dessen Abschussliste. Von Killern gejagt, begeben sich Dale und Saul auf eine aberwitzige Flucht, die in eben jener geheimen, anfangs erwähnten Militärbasis endet. Daß unterwegs vieles zu Bruch geht und jede Menge Joints geraucht werden, ist da natürlich selbstverständlich!

Produzent Judd Apatow hatte seine Finger in nahezu jeder erfolgreichen Komödie der letzten Jahre. Sei es nun „Leg dich nicht mit Zohan an", „Jungfrau (40), männlich, sucht" oder „Beim ersten Mal". Daher verwundert es nicht, daß auch sein neuestes Werk in den USA schon eine beachtliche Summe eingespielt hat. Hauptdarsteller Seth Rogen durfte sein komödiantisches Talent ja schon früher beweisen und er macht es auch dieses Mal wieder gut. Die wahre Überraschung des Films ist jedoch James Franco, bekannt aus der „Spider-Man"-Trilogie. Er glänzt als langhaariger, dauerbreiter Johnny-Depp-Verschnitt. Sicherlich treffen nicht alle der Witze ins Schwarze. Jedoch wird man überwiegend sehr gut unterhalten, und das Tempo ist sehr hoch. Somit wird es eigentlich nie langweilig, auch wenn die Handlung vielleicht nicht immer ganz schlüssig ist. Aber danach sollte man bei einer Komödie sowieso nicht fragen. Auffallend ist der recht derbe Humor und die teilweise explizite Gewaltdarstellung, was dem Film mit Sicherheit eine Freigabe erst ab 16 Jahren einbringen wird.

Anonyma – Eine Frau in Berlin

D/PL 2008, Länge: 131 Min.

R: Max Färberböck, D: Nina Hoss, Yevgeni Sidikhin, Irm Hermann, Rüdiger Vogler, Ulrike Krumbiegel, August Diehl

Berlin 1945, kurz vor der Kapitulation. Hunger. Tod. Elend. Überall. Eine deutsche Frau (Nina Hoss) versucht, die Wirren der letzten Kriegstage irgendwie zu überstehen. In der mittlerweile von Russen besetzten Stadt sind jedoch Vergewaltigungen und Brutalität an der Tagesordnung. Durch die große Not jedoch wird die Frau gezwungen, sich mit den Besatzern zu arrangieren, um sich auf diese Art gewisse Vorteile zu verschaffen. Nach und nach gewinnt sie die Gunst eines hochrangigen russischen Offiziers. Von nun an wird ihr Leben etwas leichter, denn sie steht unter dem persönlichen Schutz des Majors. Als am Ende ihr Mann (August Diehl) aus dem Krieg zurückkehrt, hat sie sich von diesem entfremdet.

Das erschüttendste am Film ist wohl seine Authentizität. Auf real existierenden Tagebuchaufzeichnungen einer Frau, die anonym bleiben wollte, beruht die Handlung. Als das Manuskript zum ersten Mal veröffentlicht wurde, sah sich die Verfasserin Anfeindungen gegenüber. Zu tief saß anscheinend noch der Stachel der Niederlage und die Scham über das Erlebte in der deutschen Seele. Dabei muß man den Mut loben. Den Mut der Frau, ihre Erfahrungen ungeschönt niederzuschreiben, und auf direkten Konfrontationskurs zu gehen. Den Mut, eine Vergangenheit aufzuarbeiten, auf die man wahrlich nicht mit Wohlwollen zurückblicken kann. Max Färberböck scheute sich nicht davor, einen unbequemen Film abzuliefern. Schonungslos wird das Elend der Bevölkerung gezeigt, immer wieder gibt es schockierende und verstörende Momente. Dabei ist es vor allem hervorzuheben, daß auf eine Eindimensionalität der Charaktere überwiegend verzichtet wird. Will heißen, daß die Russen zwar anfänglich als grobschlächtige Barbaren dargestellt werden, man aber im Laufe des Films immer mehr Verständnis für ihre Position bekommt. Einzelne Menschen werden herausgehoben, die alle ihre eigenen Schicksale haben, und jeweils aus einer gewissen Motivation heraus handeln. Und so bekommt der "Feind" ein Gesicht, was ihn menschlicher macht. Das Darstellerensemble, auf das Färberböck zurückgreifen kann, trägt einiges zur Glaubwürdigkeit bei. Allen voran Nina Hoss als desillusionierte Frau, die sich nach und nach mit ihrem Schicksal abzufinden beginnt. Auch Irm Hermann in der Rolle der Witwe, die sich mit

Eskapismus und Verdrängung zu helfen versucht, kann voll überzeugen. Ein wahrer Segen, daß man diese wunderbare Theaterschauspielerin für das Projekt gewinnen konnte. August Diehl („23") hat zwar nur eine kleine Rolle, spielt diese aber ebenfalls mit einer unglaublichen Präsenz.

Mit Sicherheit wird „Anonyma" auf diversen Festspielen noch für Furore sorgen. Wenn man bereit ist, sich auf diese schwere Kost einzulassen, dann bekommt man ein Stück Geschichte geboten, über das gern hinweggegangen wird. Anstrengend, aufrüttelnd und ernüchternd!

Das Bourne Ultimatum (The Bourne Ultimatum)

USA 2007, Länge: 111 Min.

R: Paul Greengrass, D: Matt Damon, Julia Stiles, Joan Allen, David Strathairn, Daniel Brühl

Die „Bourne“-Filme sind zum Synonym für moderne Agenten-Thriller geworden und waren an den Kinokassen äußerst erfolgreich. Kein Wunder, denn sowohl die Buch-Vorlagen von Robert Ludlum als auch Stab und Besetzung bürgen für höchste Qualität. Vor allem Hauptdarsteller Matt Damon profitierte davon, wurde er doch endlich sein Milchbubi-Image los.

Und nun dürfen wir uns über den dritten und (voraussichtlich) letzten Teil der Trilogie freuen, in dem Jason Bourne endgültig das Geheimnis seiner eigenen Vergangenheit lüften will. Er dreht diesmal den Spieß um und macht seine Jäger nun zu Gejagten. Quer durch Europa geht die Hetzjagd und findet ihr spannendes Finale dann in den USA, wo alles begann.

Eine durchdachte Handlung, atemlose Action und Spannung sowie ein Matt Damon, der noch nie besser war, sorgen für einen gelungenen Kino-Abend. Und wenn Teil drei ebenso erfolgreich wird wie seine Vorgänger, dann heißt es dann vielleicht doch, wie bei Konkurrent James Bond, „sag niemals nie“!

Brügge sehen – und sterben? (In Bruges)

GB/B 2008, Länge: 107 Min.

R: Martin McDonagh, D: Colin Farrell, Brendan Gleeson, Clemence Poesy, Ralph Fiennes

Ken (Brendan Gleeson) und Ray (Colin Farrell) sind ein perfektes Team von Profikillern. Als Ray jedoch eines Tages bei einem Auftrag aus Versehen einen kleinen Jungen erschießt, werden die beiden von ihrem Boß Harry (Ralph Fiennes) quasi als Strafe in die belgische Stadt Brügge geschickt, um dort auf weitere Anweisungen zu warten. Während Ken die Kultur der mittelalterlichen Stadt in sich aufsaugt, langweilt sich Ray zu Tode. Als er jedoch die attraktive Gaunerin Chloe (Clemence Poesy) trifft und sich in sie verliebt, ändert sich dies schlagartig. Und schon bald wird auch klar, was der Auftrag der beiden in Brügge ist: Ken soll Ray für dessen Unzulänglichkeit aus dem Weg räumen...

Der ruhige Erzählstil, der skurrile Humor und die schrägen Typen zeigen uns: wir haben es hier mit einer waschechten britischen Komödie zu tun. Angenehm hebt sich diese vom sonstigen Einheitsbrei ab, der uns in der Hinsicht manchmal im Kino geboten wird. Colin Farrell und Brendan Gleeson geben ein wunderbares Duo ab, und Ralph Fiennes glänzt als unfreiwillig komischer Gangsterboß. Daß ab und zu auch melancholische Töne angeschlagen werden, stört eigentlich kaum. Lediglich das oftmalige Abgleiten in billige Randgruppenwitze gegen Dicke oder Kleinwüchsige trübt das ansonsten stimmige Gesamtbild.

The Dark Knight

USA 2008, Länge: 153 Min.

R: Christopher Nolan, D: Christian Bale, Heath Ledger, Maggie Gyllenhaal, Michael Caine, Cillian Murphy, Eric Roberts, Gary Oldman, Morgan Freeman, Aaron Eckhart

Wenn ein Film, schon bevor er überhaupt in den Kinos angelaufen ist, mit Vorschußlorbeeren geradezu überhäuft wird, dann ist das eine Sache, die man mit Vorsicht genießen sollte. Legt der Streifen jedoch in den USA das erfolgreichste Startwochenende aller Zeiten hin, dann kann man auf jeden Fall einen Blick riskieren und darf gespannt sein, was einem denn so tolles geboten wird. Und wenn dann einer der Hauptdarsteller prompt für den Oscar vorgeschlagen wird, dann muß es doch ein überragender Film sein, oder? Dazu muß man wissen, daß der eben erwähnte Darsteller kurz nach Ende der Dreharbeiten im Alter von nur 28 Jahren das Zeitliche gesegnet hat, und daraufhin posthum einen Hype auslöste wie es seinerzeit nur James Dean geschafft hat. Der Name des Schauspielers: Heath Ledger. Der Name des Films: „The Dark Knight"!

Die Handlung scheint da fast nur noch Nebensache. Die Mafia von Gotham City hat, aus Angst vor Batmans (Christian Bale) hartem Durchgreifen, den durchgeknallten, rücksichtslosen und brutalen Joker (Heath Ledger) engagiert, um den dunklen Ritter endgültig auszuschalten. Aber es gibt noch jemand, der auf der Seite des Gesetzes kämpft: Bezirksstaatsanwalt Harvey Dent (Aaron Eckhart) ist ein mindestens genauso hartnäckiger Bekämpfer des Verbrechens, und macht der Unterwelt ebenfalls schwer zu schaffen. Daß Dent mit Bruce Waynes Ex-Freundin Rachel (Maggie Gyllenhaal) liiert ist, macht die Sache für unseren Fledermausmann jedoch nicht unbedingt einfacher...

Soviel zum groben Ablauf des Plots, der duch geschickte Wendungen immer wieder zu überraschen weiß. Am Ende ist es aber vielleicht eine Wendung zu viel, denn mit seinem stolzen 153 Minuten wirkt der Film ein wenig aufgebläht, ein wenig Straffung hätte ihm sicherlich gut getan. Ansonsten gibts wenig zu meckern. Christian Bale, und Heath Ledger verkörpern überzeugend die beiden erbitterten Widersacher, Ledger liefert in der Tat eine der besten Performances seiner Karriere ab. Ob es aber für einen Oscar reichen wird, bleibt fraglich. Der neue Joker überzeugt durch sein fremdartiges Make-Up und ist bewußt anders angelegt, als Jack Nicholsons Variante von 1989. Trotz Legders guter Leistung ist und bleibt Nichsolson aber die definitive Inkarnation des Superschurken. Einzig Maggie Gyllenhaal ist eine Enttäuschung auf ganzer Linie. Nachdem schon Katie Holmes im Vorgängerfilm nicht überzeugen konnte, mißfällt die neue Rachel-Darstellerin sowohl durch ihr Äußeres als auch durch ihr hölzernes Spiel. Lobenswert zu erwähnen wären noch die bombastischen Effekte. Ein wahres Feuerwerk prasselt auf den Zuschauer ein, und trotz moderner Computertricks fragt man sich doch das eine oder andere Mal: Wie haben die das bloß wieder gemacht? Das neue Batman-Kostüm wirkt nicht mehr ganz so bullig wie sein Vorgängermodell und weiß durch Gimmicks wie das „ausfaltbare Cape" zu überzeugen. Ein Rätsel wird aber weiterhin bleiben, warum Bruce Waynes Stimme plötzlich wie ein Reibeisen klingt, sobald er den Anzug trägt.

„The Dark Knight" ist ein solider Actionfilm mit guten Darstellern, der aber die wahrlich hoch gesteckten Erwartungen nicht ganz erfüllen kann. Und so behält auch zukünftig Spider-Man seinen Platz auf dem Superheldenthron!

Death Proof – Todsicher (Grindhouse: Death Proof)

USA 2007, Länge: 109 Min.

R: Quentin Tarantino, D: Kurt Russell, Rosario Dawson, Quentin Tarantino, Zoe Bell, Vanessa Ferlito, Tracie Thoms, Eli Roth

Marketingtechnisch eher unspektakulär kommt Quentin Tarantinos fünfte Regiearbeit daher. Im Gegensatz zur groß angelegten Kampagne um „Kill Bill" mit Plakaten, Trailern und Fernsehberichten wirkt „Death Proof" fast bescheiden. Fast so, als wollte der Meister zurückkehren zu seinen Independent-Wurzeln. Auch die Darsteller-Riege liest sich diesmal weniger namhaft. Zwar wurde mit Kurt Russell wieder mal ein alter Haudegen reaktiviert, aber ansonsten sind bis auf Rosario Dawson kaum bekannte Gesichter anzutreffen. Diese Strategie paßt aber auch ganz gut zum Thema. Denn Tarantinos Vorliebe für alte Schund- und Schmuddelstreifen der siebziger Jahre war ja schon bei „Kill Bill" zu erkennen. Für sein aktuelles Projekt hat er sich mit Kumpel Robert Rodriguez zusammengetan um genau diesen Filmen ein Denkmal zu setzen. Jeder Regisseur hat dabei eine einstündige Episode gedreht, die dann zusammen im Stil des Bahnhofskinos vorgeführt werden. Die Optik wurde mit diversen Aussetzern und Schwarz/Weiß-Szenen dann auch entsprechend angepaßt, so daß man gelegentlich den Eindruck hat, daß die Filmrolle beschädigt ist oder es sich um ein veraltetes Abspielgerät handelt. So weit, so gut. In den USA hat dies auch wunderbar funktioniert. In Europa jedoch wurde ein anderer Weg eingeschlagen. Wohl um mehr Profit zu machen, oder aber weil es die sogenannten „Double Features" dort nicht gab und der Gag daher keinen Sinn macht, haben sich die Verleihfirmen entschlossen, die Episoden als zwei getrennte Filme in die Kinos zu bringen. Und genau da liegt der Hund begraben.

Denn die Geschichte ist in zwei Sätzen erzählt: Ein irrer Stuntman (Kurt Russell) macht in seinem Auto Jagd auf junge Mädchen. Eines Tages sucht er sich jedoch die falschen Opfer aus, denn die Mädels drehen den Spieß um und machen den Jäger zum Gejagten.

Dieser Plot mag vielleicht halbwegs interessant sein, wenn man ihn in einer Stunde erzählt und als „erste von zwei Epidsoden" ansieht. Nicht jedoch, wenn er auf zwei Stunden aufgebläht und mit unendlich viel langweiligem Dialog versehen wird. Doch leider ist genau das passiert. Der Film bietet nämlich nur in den letzten zwanzig Minuten wirkliche Spannung, die Charakterentwicklung ist gleich null, und warum der Killer eigentlich Killer ist, wird ebenfalls nicht erläutert. Zu wenig für einen Kinofilm, könnte man meinen. Und so ist es auch: „Death Proof" ist Tarantinos bisher schwächste Arbeit. Allein der stellenweise vorhandene typische Humor, das furiose Finale und der gute Soundtrack sorgen für lichte Momente. Da verwundert es, daß der Film trotzdem von den meisten Kritikern in den Himmel gelobt wird. Der Regisseur selbst kann jedoch am wenigsten dafür. Die Schuld muß man eher den europäischen Verleihern geben, die den Mut nicht hatten, die ursprünglich originelle Idee unangetastet zu lassen. Man darf jetzt gespannt sein, ob Rodriguez' Beitrag „Planet Terror", der im Herbst in die Kinos kommt und sich mit Zombies beschäftigt, mit ähnlichen Problemen zu kämpfen hat.

The Expendables

USA 2010, Länge: 105 Min.

R: Sylvester Stallone, D: Sylvester Stallone, Jason Statham, Jet Li, Dolph Lundgren, Eric Roberts, Steve Austin, Mickey Rourke, Terry Crews, Randy Couture, Charisma Carpenter, Bruce Willis, Arnold Schwarzenegger

Nachdem sich „John Rambo“ und „Rocky Balboa“ als durchaus profitable und auch vom Publikum akzeptierte Fortsetzungen zweier klassischer Franchises aus den achtziger Jahren erwiesen haben, schwebte Regisseur Sylvester Stallone etwas noch größeres vor. Einen Ensemblefilm wollte er machen, und dabei zwei Generationen an Actionstars vereinen. Geradlinig, schnörkellos und hart sollte dieser Film werden. Heraus kam „The Expendables“.

Die Story ist dabei recht schnell erzählt und dient erwartungsgemäß nur als Vorwand für die zahlreichen Action-Szenen. Stallone selbst spielt Barney Ross, den Anführer der titelgebenden Söldnertruppe, der unter anderem noch Lee Christmas (Jason Statham), Kampfsportexperte Yin Yang (Jet Li) und der nordische Hüne Gunnar (Dolph Lundgren) angehören. Sie bekommen vom undurchschaubaren Mr. Church (Bruce Willis) den Auftrag, in den kleinen südamerikanischen Inselstaat Vilena einzudringen, und den dort regierenden General auszuschalten. Der General jedoch dient nur als Strohmann für den ehemaligen CIA-Agenten James Munroe (Eric Roberts), der dort die Fäden zieht und das Drogengeschäft kontrolliert. Diesen möchte die US-Regierung aus dem Weg geräumt haben. Als Barney und Christmas sich ein erstes Mal als Kundschafter nach Vilena begeben, lernen sie die attraktive Sandra (Giselle Itié) kennen, die Tochter des Generals, welche als Rebellin gegen das Regime arbeitet, jedoch in Vilena verbleiben will. Zudem finden sie heraus, daß die Expendables lediglich als Kanonenfutter verwendet werden sollen, um den unliebsamen Munroe auszuschalten. Daher lehnen sie den Auftrag ab, und begeben sich zurück in die USA. Von Gewissensbissen geplagt, macht sich Barney jedoch abermals auf nach Vilena, um Sandra zu befreien. Er wird dabei natürlich von seinen Kumpels unterstützt. Was jetzt folgt ist ein Action-Feuerwerk der alten Schule, bei dem weder mit Blut noch mit Explosionen gespart wird.

Sylvester Stallone rief, und viele kamen! Wann hat man schon einmal so viele Heroen in eine Film zusammen gesehen? Allein schon die Tatsache, daß Stallone, Schwarzenegger und Willis dabei sind, macht das Anschauen zur Pflicht. Wobei die Auftritte der beiden letztgenannten nicht wirklich überzeugend sind. Zu gekünstelt wirken die Rollen nach dem Motto: „Hauptsache drin im Film". Arnold Schwarzenegger ist, was die Story betrifft, gar überflüssig wie ein Kropf. Dennoch ist es einfach ein gutes Gefühl, ihn einmal wieder bei etwas anderem zu sehen, als leere Wahlversprechen zu geben. Kurt Russell, Steven Segal und Jean-Claude van Damme wurden ebenfalls gefragt, lehnten jedoch allesamt aus den unterschiedlichsten Gründen ab. Unverständlicherweise. Denn „The Expendables" macht richtig Spaß. Stallone hats körperlich noch immer drauf, das haben Rambo 4 und Rocky 6 bewiesen. Und sogar als Regisseur erfüllt er seine Aufgabe zweckmäßig und setzt sein Ensemble ordentlich in Szene. Und daß die Handlung nicht vor Originalität strotz, wen juckt das schon? Wer hier ein verschachteltes Meisterwerk a la „Inception" erwartet hatte, dem kann eh nicht geholfen werden. Wer aber mal wieder einen richtig schönen Actionfilm der alten Schule sehen will, der sich vor allem selbst nicht allzu ernst nimmt, darf sich getrost zurücklehnen.

Fluch der Karibik - Am Ende der Welt (Pirates of the Carribean: At World's End)

USA 2007, Länge: 162 Min.

R: Gore Verbinski, D: Johnny Depp, Orlando Bloom, Keira Knightley, Bill Nighy, Tom Hollander, Naomie Harris, Chow Yun-Fat, Keith Richards

Captain Jack Sparrow (Johnny Depp) wurde am Ende des letzten Films im Auftrag von Geisterpirat Davy Jones (Bill Nighy) von einem Riesenkraken verschlungen. Doch dies ist nicht sein endgültiger Tod. Wenn man sich an den Rand der Welt und darüber hinaus begibt, kann man ihn finden, und zu den Lebenden zurückholen. Drei verschiedene Personen machen sich deshalb aus unterschiedlicher Motivation zu diesem Abenteuer auf: William Turner (Orlando Bloom), weil er die Black Pearl, also Sparrows Schiff, benötigt, um seinen Vater aus den Klauen von Davy Jones zu retten. Elisabeth Swann (Keira Knightley), weil sie Schuldgefühle gegenüber Sparrow hat, da sie an seinem Tod beteiligt war. Und Hector Barbossa (Geoffrey Rush), Sparrows ehemaliger Erzfeind, weil er dessen Hilfe im Kampf gegen die East India Trading Company braucht, die dabei ist, alle Piraten endgültig auszulöschen.

Wie man sieht, ist die Story im dritten Teil von Gore Verbinskis Piraten-Epos nicht gerade unkomplizierter geworden. Man hat den Eindruck, als ob die Drehbuchautoren einfach mal angefangen haben, eine Geschichte zu schreiben, und ihnen diese dann irgendwie aus dem Ruder gelaufen ist. Es stellt sich die Frage, ob die Macher selbst noch richtig durchsteigen bei ihrem Tohuwabohu aus Kapitänen, Bruderschaften, Geisterpiraten, Bündnissen und mystischen Exkursen.

Um die Handlungsschritte jeder Person nachvollziehbar zu machen, wurde jede Menge Dialog eingebaut, der die Sache jedoch auch nicht einfacher macht. Parallelen zur „Matrix"-Trilogie sind unverkennbar, da der Erlöser-Mythos um See-Göttin Calypso doch stark an den Humbug der Wachowski-Brüder erinnert. Als Calypso dann noch zu riesenhafter Größe anwächst, wird der Geschichte das letzte Stückchen Seriosität geraubt und es kommen Erinnerungen an die trashige „20-m-Frau" auf. Das ist eigentlich schade, da die Trilogie durchaus vielversprechend als gut gemachtes Popcorn-Kino begann.

Selbst Johnny Depp, in den Vorgängern noch Garant für den einen oder anderen Lacher, mag das Niveau des Films kaum zu heben. Man hat sich mittlerweile an seinen Verrenkungen und Grimassen als tuntiger Kapitän doch

recht satt gesehen. Lediglich der Auftritt von Keith Richards, der den Vater von Sparrow spielt, verleiht dem ganzen noch etwas Würze.
Positiv hervorzuheben sind zum einen natürlich wieder, wie es sich für einen von Jerry Bruckheimer produzierten Film gehört, die Spezialeffekte und die Action. Vor allem die Seeschlacht am Ende des Films bricht in dieser Hinsicht alle Rekorde. Jedoch fragt man sich, wozu auf beiden Seiten eine riesige Flotte auflaufen muß, wenn doch nur drei Schiffe in die Kampfhandlungen verwickelt sind. Lobenswert erwähnt werden sollte auch noch die Tatsache, daß es kein Happy End im klassischen Sinne gibt, und die Autoren zumindest in diesem Punkt Konsequenz bewiesen haben.
Insgesamt ist jedoch der Abschluß der Piraten-Trilogie, die diesen Namen eigentlich nicht verdient hätte, recht enttäuschend.

Fluch der Karibik – Fremde Gezeiten (Pirates of the Caribbean – On Stranger Tides)

USA 2011, Länge: 136 Min.

R: Rob Marshall, D: Johnny Depp, Penélope Cruz, Geoffrey Rush, Ian McShane, Richard Griffiths, Keith Richards

Nachdem sich Disneys „Fluch der Karibik“ dank Johnny Depp vom Überraschungshit zum Mega-Abräumer entwickelt hat, war bereits klar, dass nach drei Filmen nicht Schluss sein würde. Zu verlockend war es für die Produzenten, die Geldkuh noch ein wenig weiter zu melken. Dass es jetzt doch so lange gedauert hat, ist vor allem dem vollen Terminkalender des Hauptdarstellers geschuldet. Die Geschichte dreht sich nun mehr aber nicht um Nachwuchspirat William Turner und seine Geliebte Elizabeth Swan, sondern ist voll auf den von Depp dargestellten Captain Jack Sparrow fokussiert. Der Vefilmung liegt das Buch „Fremdere Gezeiten“ von Tim Powers zugrunde, welches seinerzeit auch schon die Macher des Computerspieleklassikers „Monkey Island“ inspiriert hat.

Captain Jack Sparrow (Johnny Depp) ist einmal mehr ohne Schiff und Crew, da ihm seine „Black Pearl“ abhanden gekommen ist. In London wird er von König George II. (Richard Griffiths) höchstpersönlich damit beauftragt, sich auf die Suche nach der Quelle der ewigen Jugend zu begeben. Ihm zur Seite gestellt wird der aus den früheren Filmen bekannte Barbossa (Geoffrey Rush), der nun offizieller Freibeuter seiner Majestät ist. Jedoch kommt wieder einmal alles anders: Jack wird von seiner Ex-Geliebten Angelica (Penélope Cruz) auf das Schiff des gefürchteten Seeräubers Blackbeard (Ian McShane) entführt, der seinerseits ebenfalls nach der Quelle der Jugend sucht. Nun beginnt ein Wettlauf zwischen Blackbeards Piraten und dem Schiff des Königs, angeführt von Barbossa. Aggressive Meerjungfrauen und Zombies sind dabei nur einige der Gefahren, die unterwegs lauern...

Das Gute zuerst: „Fremde Gezeiten“ enthält, im Gegensatz zu seinen Vorgängern, weniger Handlungsstränge, und kommt in vielen Beziehungen direkter zur Sache. Er hat zudem alles, was ein Piratenfilm haben muss: Action auf hoher See, viel Schwertgeklirre, und mit Blackbeard einen klassischen Seeräuberkapitän. Johnny Depp als Jack Sparrow hat ebenfalls wieder seine großen Momente, diese Figur wird einmal mehr von ihm grandios dargestellt.

Jedoch enthält der Film auch einige unnötige Längen und hätte an einigen Stellen deutlich gestrafft werden können. Zudem macht sich das Fehlen von Orlando Bloom und Keira Knightley eindeutig bemerkbar. Zu sehr verkommt das ganze zur One-Man-Show von Jack Sparrow, dessen Verrenkungen allein nicht ausreichen, einen ganzen Film zu tragen.
Die 3D-Technik, in welcher der Film präsentiert wird, hätte man sich übrigens sparen können, sie wird an nur sehr wenigen Stellen effektiv genutzt. Aber dieser Trend ist wohl nicht mehr aufzuhalten, komme was wolle.

Alles in allem wird mit dem vierten Teil der Reihe ein solides, klassisches Piratenabenteuer vorgelegt, das man trotz einiger Längen durchaus geniessen kann, sofern man keinen allzu großen Wert auf eine immer logische und tiefgründige Story legt.

Gefährten (War Horse)

USA 2011, Länge: 146 Min.

R: Steven Spielberg, D: Jeremy Irvine, Peter Mullan, David Thewlis, David Kross

Regie-Altmeister Steven Spielberg hatte in den letzten Jahren eher wenig Glück mit den von ihm verfilmten Stoffen. Der vierte Teil von „Indiana Jones" kam eher lauwarm beim Publikum an, und auch sein Ausflug in die Welt der computeranimierten Filme in Form von „Tim und Struppi" erzielte nicht die erhofften Erfolge. Das ist wahrscheinlich einer der Gründe, warum er sich jetzt einer Thematik angenommen hat, welche für einen familienfreundlichen Kinovisinär wie ihn geradzu geschaffen zu sein scheint. „War Horse", wie sein Film im Original heißt, basiert auf einem Theaterstück, und handelt von der alles überbrückenden Freundschaft zwischen Mensch und Tier.

Bei einer Auktion ersteigert der Farmer Ted (Peter Mullan) anstatt eines kaltblütigen Ackergauls den einjährigen Vollblüter „Joey", der für die ihm zugedachten Aufgaben wenig geeignet zu sein scheint. Teds Sohn Albert (Jeremy Irvine) sieht jedoch das besondere in dem Pferd, und schafft es nach einer Weile tatsächlich, Joey auszubilden und sogar vor einen Pflug zu spannen. Eine tiefe Freundschaft entwickelt sich zwischen den beiden.

Dann aber bricht der erste Weltkrieg aus, und Joey wird an die Armee verkauft. Albert, der noch zu jung für den Kriegsdienst ist, schwört sich jedoch, seinem geliebten Pferd eines Tages nachzufolgen, koste es was es wolle. Während Joey in den Kriegswirren an der deutsch-französischen Front auf wundersame Weise den verschiedensten Menschen begegnet, begibt sich Albert, der inzwischen als Soldat angeheuert hat, auf die Suche nach ihm. Und nach einer langen, entbehrungsreichen Zeit kommen die zwei Freunde am Ende wieder zusammen.

Dic Gcschichte an sich, vom Pferd, das zu immer anderen Besitzern kommt, und diverse Abenteuer erlebt, hat durchaus Potential, und erinnert wohl nicht umsonst ein wenig an „Black Beauty" von Anna Sewell. Daher kann man Regisseur Spielberg auch keinen Vorwurf machen, dass er sich diesem erfolgversprechenden Stoff gewidmet hat.

Woran „War Horse" jedoch ein wenig krankt, ist das grauenhafte Drehbuch. Immer wenn es darum geht, dass mit Dialogen die Handlung vorangetrieben und die Intentionen der Figuren verdeutlicht werden sollen, ist das ganze derart hölzern, dass einem fast die Lust am Anschauen vergeht. Sei es nun Alberts Vater Ted, der im Krieg ganz schlimme Dinge erlebt hat und jetzt trinkt, oder der böse Verpächter Lyons, der einfach nur rücksichtslos und böse ist, der Zuschauer wird mit simplen und schablonenhaften Figuren nur so bombardiert. Man könnte die Reihe beliebig weiter fortsetzen, was ein wenig schade ist, denn emotionale Tiefe oder eine Bindung an die Charaktere kommt so nur selten auf. Manchmal setzt schon fast so etwas wie fremdschämen ein, und man wundert sich, wie Spielberg nur einwilligen konnte, etwas derart schlecht geschriebenes zu verfilmen.

Das Problem ist auch, dass jedes Mal, wenn so etwas wie Interesse an einer Figur aufkommt, diese ums Leben kommt, und durch eine neue ersetzt wird, ganz so, als wolle man im Stakkato mehrere Stationen der Handlung abarbeiten, um dem Film eine Epik zu verleihen, die er doch niemals erreicht.

Das erste Mal, dass man als Zuschauer mitgerissen wird, kommt dann auch recht spät. Es gibt eine wunderbare Szene, die direkt an der Front spielt. Ein deutscher und ein englischer Soldat befreien Joey gemeinsam aus einem Haufen Stacheldraht. Ergreifend und zugleich witzig gespielt, atmosphärisch gefilmt, hiervon hätte man sich mehr gewünscht. Leider sind solche lichten Momente jedoch rar gesät. Dabei trifft Steven Spielberg wohl noch die geringste Schuld. Er versucht mit seiner routinierten handwerklichen Technik wirklich, das Maximum herauszuholen, und präsentiert uns durchaus schöne Bilder.

Schauspielerisch hat der Film leider auch nicht viel zu bieten. Selbst der aus Harry Potter bekannte David Thewlis bleibt blass, hat aber auch kaum Gelegenheit, zu glänzen. Einzig der Auftritt der deutschen Nachwuchshoffnung David Kross bleibt in Erinnerung. Jedoch wird auch dieser Handlungsstrang wieder zu schnell aufgegeben. Da es sich um einen Pferdefilm handelt, muß natürlich der tierische Hauptdarsteller Joey noch erwähnt werden. Er hätte wirklich einen Ehrenoscar verdient, und sorgt in vielen Szenen dafür, dass die so wichtige emotionale Bindung zumindest zum Teil doch noch erreicht wird.

Das Fazit fällt erschreckend nüchtern aus. Steven Spielberg wollte mit dem Film sicher an seine alten Erfolge anknüpfen, und hat mit Biegen und Brechen versucht, ein ergreifenes Epos für die ganze Familie zu schaffen. Heraus gekommmen ist jedoch ein zwar schön bebildertes Stück Film, welches aber viel zu selten mitreisst, und durch sein schlechtes Drehbuch einen faden Nachgeschmack hinterläßt.

Die Geschichte vom Brandner Kaspar

D 2008, Länge: 105 Min.

R: Joseph Vilsmaier, D: Franz Xaver Kroetz, Michael Bully Herbig, Lisa Potthoff, Alexander Held, Herbert Knaup, Detlev Buck, Peter Ketnath

Bayern 1860: Büchsenmacher Kaspar Brandner (Franz Xaver Kroetz) lebt mit seiner Enkelin Nannerl (Lisa Potthoff) allein in seiner Berghütte. Immer wieder gerät er wegen Wilderei mit Bürgermeister Kugler (Alexander Held) aneinander. Kaspars Frau und Tochter sind vor Jahren gestorben. Als der Tod in Gestalt des „Boandlkramer" (Michael Bully Herbig) auch ihn mit 69 Jahren holen will, weigert sich Kaspar. Er macht den Sensemann mit Kirschgeist betrunken, und ringt ihm durch Betrug beim Kartenspiel weitere 21 Lebensjahre ab. Doch lange währt die Freude leider nicht, denn als Nannerl bei einem Jagdunfall getötet wird, verliert er jeden Lebensmut. Deshalb geht er auch auf Boandlkramers erneutes Angebot ein, sich das Paradies nur für eine Stunde anzuschauen und dann zu entscheiden ob er dort bleiben oder zurück zur Erde möchte. Als Kaspar vor Ort dann seine verstorbene Familie wiedertrifft und zudem feststellt, daß er bayrische Himmel voller Weißwürste hängt, entschließt er sich, dort zu bleiben.

Die Geschichte vom Spitzbuben, der den Tod überlistet, ist in Bayern äußerst beliebt und wurde daher auch schon mehrfach verfilmt. Für Vilsmaiers Version wurden viele bekannte bayrische Darsteller verpflichtet, die auch durchweg in Mundart reden. Gepaart mit den tollen Kostümen und Landschaftsaufnahmen sorgt dies für eine Authentizität, die dem Film wirklich gut tut. Das Mitwirken von Michael Herbig („Der Schuh des Manitu") läßt eine typische Bully-Komödie vermuten, erst beim Anschauen wird man jedoch eines besseren belehrt. Natürlich wird alles mit einem Augenzwinkern betrachtet und vor allem das bayrisch-preußische Verhältnis aufs Korn genommen. Trotzdem aber hat die Geschichte einen ernsten Kern, denn es geht ja immerhin um den Tod, seine Auswirkungen und auch den Schmerz der Zurückgebliebenen. Daher freut man sich dann doch immer wieder über die skurrilen Auftritte des Boandlkramers, der sich allzu oft ziemlich dämlich anstellt und doch liebenswert erscheint.

Vilsmaier hat es geschafft, einen Film zu machen, der witzig und tragisch zugleich ist, der einen prächtig unterhält, und der ur-bayrischer nicht sein könnte. Bleibt nur die Frage, ob der Streifen jenseits des Weißwurst-Äquators ebenso gut ankommt.

Hancock

USA 2008, Länge: 92 Min.

R: Peter Berg, D: Will Smith, Charlize Theron, Jason Bateman, Adam Del Rio

Hancock (Will Smith) ist ein Superheld, wie er nicht im Buche steht: er säuft, pöbelt und hat schlechte Manieren. Dementsprechend unbeliebt ist er auch in der Bevölkerung. Erst als PR-Berater Ray (Jason Bateman) ihm seine Hilfe anbietet, um sein Image aufzupolieren, scheinen die Menschen Hancock als ihren Helfer in der Not zu akzeptieren. Rays Frau Mary (Charlize Theron) jedoch ist skeptisch, und das anscheinend zu recht, ist sie doch aufgrund ihrer Vergangenheit irgendwie mit Hancock verbunden...

Aus der momentan inflationären Welle der Superhelden-Verfilmungen hebt sich „Hancock" zugegebenermaßen wohltuend ab: einen dermaßen unanständigen, unperfekten Heroen gab es bisher noch nie! Will Smith füllt die Rolle denn auch sehr gut aus, und zumindest während der ersten Hälfte macht der Film noch richtig Spaß. Dann jedoch, als die unnötige Lovestory mit Charlize Theron eingeführt wird, driftet das ganze leider ins (bessere) Mittelmaß ab. Aus der grundsätzlich guten Idee hätte man wesentlich mehr machen können!

Harry Potter und der Orden des Phoenix (Harry Potter and the Order of the Phoenix)

USA/GB 2007, Länge: 133 Min.

R: David Yates, D: Daniel Radcliffe, Rupert Grint, Emma Watson, Imelda Staunton, Alan Rickman, Michael Gambon, Ralph Fiennes, Robbie Coltrane, Tom Felton, Katie Leung, Brendan Gleeson, David Thewlis, Gary Oldman, Emma Thompson, Helena Bonham Carter

Wieder ein neues Jahr in Hogwarts für Harry (Daniel Radcliffe) und seine Freunde. Viel ist zuletzt passiert: Voldemorts (Ralph Fiennes) Rückkehr und der Tod von Cedric Diggory werfen nach wie vor ihre langen Schatten. Jedoch scheint dies nur denjenigen Teil der Zauberergemeinschaft zu interessieren, der sich als „Orden des Phönix" zusammengeschlossen und sich die Bekämpfung des Oberbösewichts auf die Fahne geschrieben hat. Zaubereiminister Fudge nämlich leugnet sämtliche Vorgänge, noch schlimmer, er stellt Harry und Dumbledore (Michael Gambon) als Lügner hin. Und mit Dolores Umbridge (Imelda Staunton), der neuen Lehrerin in Verteidigung gegen die dunklen Künste, hat das Ministerium eine Mitarbeiterin in der Schule platziert, die mit ihrer unnachgiebigen und bürokratischen Art den Schülern das Leben schwer macht. Statt der Furcht vor Voldemorts Zorn ist es die völlig unsinnige Furcht vor einer möglichen Machtübernahme durch Albus Dumbledore, die den Minister beschäftigt. Daher wird ab sofort nur noch Theorie, anstatt Praxis gelehrt. Harry, der damit natürlich nicht einverstanden ist und sich gegen die totalitäre Lehrerin auflehnt, bekommt dann auch deren ganz spezielle Strafmaßnahmen am eigenen Leib zu spüren. Doch das kann diesen nicht davon abhalten, sich mit einigen befreundeten Mitschülern heimlich zu treffen, um ihnen ein paar Nachhilfestunden in eben dem Fach Verteidigung gegen die dunklen Künste zu geben. Denn wer könnte dieses Wissen besser vermitteln als Harry, der dem dunklen Lord ja immerhin schon mehrmals gegenüberstand. Und „Dumbledore's Armee", wie sich die Gruppe nennt, bekommt am Ende auch gleich einiges zu tun, denn offentsichtlich sind Voldemorts Todesser ins Zaubereiministerium eingedrungen, um eine Geheimwaffe zu stehlen...

Fünfter Film, vierter Regisseur! Mit David Yates haben die Produzenten einen im Gegensatz zu seinen Vorgängern recht unerfahrenen Mann engagiert. Ob dies die richtige Entscheidung war, bleibt fraglich, ist „Der Orden des Phönix" doch das bisher dickste, düsterste und komplizierteste Buch der Harry-Potter-Reihe.

Um abermals nicht über eine Länge von zweieinhalb Stunden hinauszuschießen, mußte wieder sehr viel gekürzt werden. Das macht sich von Film zu Film immer stärker bemerkbar, da ja der Umfang der Bücher auch immer weiter wächst, die Filmlänge jedoch gleich bleiben muss. So wurden dieses Mal wieder einige Elemente weggelassen, andere wiederum nur angerissen, was für einen Nicht-Kenner das Verstehen der Handlung natürlich nicht gerade einfacher macht. Als Beispiele kann man hier die für den weiteren Handlungsverlauf doch recht wichtige Lovestory zwischen Harry und Cho Chang oder Harrys Nachhilfestunden bei Snape heranziehen. Auch warum Charaktere wie Tonks überhaupt eingeführt wurden, wenn deren Hintergrund ja doch nicht erklärt wird, bleibt wohl ein Geheimnis der Drehbuchschreiber. Immer mehr wird also deutlich, daß ein Zweiteiler hier wohl die bessere Wahl gewesen wäre.
Trotz der vielen Kürzungen will im Film keine rechte Dynamik entstehen. Das liegt natürlich sicherlich an der Vorlage von Joane K. Rowling, an der sich die Geister scheiden. Aber es wurden auch gewisse Handlungsstränge unnötig in die Länge gezogen und anderen wurde zu wenig Augenmerk geschenkt, wie etwa der große Auftritt von Fred und George, die mit ihren Scherzartikeln den halben Schulbetrieb lahm legen. Das wären Elemente der Buchvorlage gewesen, die für die nötige Action gesorgt hätten. Man war nämlich aus dem vierten Teil diesbezüglich einen recht hohen Standard gewöhnt.
Aber es gibt auch Positives zu erwähnen, zum Beispiel die Besetzungen der neuen Charaktere Dolores Umbrigde und Luna Lovegood. Sie sind genauso, wie man sie sich im Buch auch vorgestellt hatte und vor allem Imelda Staunton spielt ihre Rolle als fiese Sadistin mit stets einem falschen Grinsen im Gesicht wirklich sehr gut. Und das Ende stimmt dann doch wieder halbwegs versöhnlich, denn dann kommt es noch einmal zu einem dramatischen Kampf Gut gegen Böse in den Kellern des Zaubereiministeriums.

Alles in allem kann „Harry Potter und der Orden des Phönix" jedoch nicht voll überzeugen und ist eindeutig schwächer als seine beiden Vorgänger. Da Regisseur Yates jedoch auch für den sechsten Teil engagiert wurde, bleibt nur zu hoffen, daß er beim nächsten Mal seine Hausaufgaben besser macht.

Harry Potter und der Halbblutprinz (Harry Potter and the Half Blood Prince)

USA/GB 2009, Länge: 147 Min.

R: David Yates, D: Daniel Radcliffe, Rupert Grint, Emma Watson, Michael Gambon, Tom Felton, Evanna Lynch, Alan Rickman, Maggie Smith, David Thewlis, Robbie Coltrane, Helena Bonham Carter, Jim Broadbent

Sehnlichst von den Fans erwartet wurde der sechste Teil der Romanverfilmungen um den wohl berühmtesten Zauberlehrling der Welt. Eigentlich schon Ende 2008 fertiggestellt, wurde der Filmstart jedoch auf den traditionell umsatzstärkeren Sommer verschoben. Ob das eine gute beziehungsweise sinnvolle Maßnahme war, muß sich erst noch zeigen. Der Film wird jedoch aller Wahrscheinlichkeit nach wie auch seine Vorgänger gute bis sehr gute Einspielergebnisse erwirtschaften. Doch leider handelt es sich bei „Harry Potter und der Halbblutprinz“ um Band sechs einer siebenteiligen Reihe. Das heißt: Nach dem nächsten Film ist Schluß mit der Geldmaschinerie. Darum haben sich die Produzenten auch entschieden, das Finale in 2 Tranchen ins Kino zu bringen, um das Maximum an Gewinn zu erzielen, und natürlich auch wegen der Fülle des von J. K. Rowling vorgelegten Materials.

Jetzt ist aber erst einmal der Halbblutprinz an der Reihe. Wer diese mysteriöse Person ist, mit deren Zaubertränkebuch Harry (Daniel Radcliffe) zum Klassenbesten aufsteigt, erfährt man erst am Ende des Films, deshalb sei hier nicht zuviel verraten. Das Schuljahr in Hogwarts beginnt düster wie nie zuvor. Jetzt steht nämlich auch offiziell fest: Voldemort ist zurückgekehrt, und er macht auch vor der Muggel-Welt nicht Halt mit seinen Zerstörungsorgien. Jedoch gibt es einen Hoffnungsschimmer am Horizont: Professor Dumbledore (Michael Gambon) hat nämlich herausgefunden, daß der dunkle Lord doch nicht so unbesiegbar ist, wie immer angenommen. Er hat nämlich Teile seiner Seele in bestimmten Gegenständen eingeschlossen, den sogenannten „Horkruxen“. Wenn man diese zerstört, dann kann man auch Voldemort vernichten. Daher macht sich der Schuldirektor gemeinsam mit Harry auf die gefährliche Suche nach den Artfakten. Nebenbei müssen die Schüler aber auch mit pubertären Problemen kämpfen, denn sowohl zwischen Harry und Ginny, als auch zwischen Ron (Rupert Grint) und Hermine (Emma Watson) scheinen sich gewisse Gefühle zu entwickeln...

Mit dem sechsten Band der Reihe ist das so eine Sache. Er stellt das Bindeglied zwischen dem ereignisreichen fünften Teil und dem großen Finale dar. Viel muß erklärt werden, damit Voldemorts Vernichtung (oder auch nicht?) Eingeleitet werden kann, die Suche nach den Horkruxen und die vielen Dialoge waren schon im Buch eine recht zähe Angelegenheit. Es ist ein bißchen so wie mit „Das Imperium schlägt zurück": auch hier gibt es kein richtiges Ende, sondern es wird lediglich die Handlung vorangetrieben und der Höhepunkt sozusagen vorbereitet. Den Machern kann man dabei wenig Vorwürfe machen. Die bedrohliche Stimmung wurde gut eingefangen, schauspielerisch kann man den Jungstars auch wenig vorwerfen. Lediglich Daniel Radcliffe bleibt wie immer etwas blaß, manchmal scheint es, als ob er nur zwei Gesichtsausdrücke beherrscht. Wer aber auf Action und Spannung gehofft hatte, der wird wenig auf seine Kosten kommen. Daher ist dieser Film wohl auch einer der schwächeren der Reihe.

Harry Potter und die Heiligtümer des Todes: Teil 1 (Harry Potter and the Deathly Hallows: Part 1)

GB/USA 2010, Länge: 147 Min.

R: David Yates, D: Daniel Radcliffe, Emma Watson, Rupert Grint, Michael Gambon, Ralph Fiennes, Helena Bonham Carter, David Thewlis, Brendan Gleeson, Robbie Coltrane, Tom Felton, Alan Rickman, Evanna Lynch, Imelda Staunton, John Hurt

Harrys (Daniel Radcliffe) siebtes Jahr als Zauberer beginnt anderes als die vorangegangenen. Nicht der Schulalltag steht im Mittelpunkt, sondern die Flucht vor Voldemorts (Ralph Fiennes) Schergen und die gleichzeitige Suche nach den sogenannten Horkruxen, Artefakte, in denen Teile der Seele des dunklen Feindes eingeschlossen sind. Erinnern wir uns: am Ende des sechsten Teils wurde Albus Dumbledore (Michael Gambon), seines Zeichens Schuldirektor von Hogwarts und Harrys Mentor von Professor Snape (Alan Rickman), der offensichtlich wirklich mit Voldemort im Bunde steht, getötet. Harry, Ron (Rupert Grint) und Hermine (Emma Watson) beschlossen daraufhin, ihr letztes Schuljahr ausfallen zu lassen, und stattdessen ins Exil zu gehen. Und das war auch die richtige Entscheidung. Denn sowohl das Zaubereiministerium als auch Hogwarts stehen nun unter der Kontrolle der Todesser, Harry selbst wird zur meistgesuchten Person. Quer durchs Land geht nun die Flucht der drei Freunde, nirgendwo können sie lange verweilen. Die Gemütlichkeit von Hogwarts müssen sie gegen ein unbequemes Zelt eintauschen. Ständig laufen sie Gefahr, aufgespürt zu werden, und ihre Freundschaft wird auf harte Proben gestellt. Schließlich führt die Suche nach den Horkruxen sogar zu Harrys Geburtsort Godric's Hollow. Dort werden sie auf ein seltsames Zeichen aufmerksam: das der „Heiligtümer des Todes". Vielleicht eine neue Möglichkeit, Voldemort zu besiegen. Aber das erfahren wir erst im endgültigen Finale!

Nun ist es also bald vollbracht. Das vorletzte Kapitel der Harry-Potter-Saga wird aufgeschlagen. Und das auch nur, weil sich Regisseur und Produzenten einig waren, daß der siebte Band in zwei Teilen erzählt werden soll. Man könnte den Verantwortlichen jetzt durchaus die Gier nach dem schnöden Mammon vorwerfen. Jedoch macht diese Splittung angesichts der vielen wichtigen Ereignisse durchaus Sinn. Und so halten sich dieses Mal die aus den vorangegangenen Filmen bekannten leidigen Kürzungen auch in Grenzen.

Was „Harry Potter und die Heiligtümer des Todes" auszeichnet, ist der komplette Kontrast, der zu seinen Vorgängern gesetzt wird. Anstatt den immer gleichen Ablauf eines Schuljahres zu zeigen mit der Ankunft in Hogwarts, dem Ausspionieren der Bösen, dem Finale etc., wirkt das ganze dieses Mal fast wie ein Road Movie. Dabei wird mit wunderschönen Landschaftsaufnahmen wenig gespart, was dem Film eine zusätzliche Epik verleiht, die ihm durchaus gut tut. Der oft gehörte Vorwurf, es würde hier zu langsam zugehen, ist ein Stück weit unberechtigt. Sicherlich gestaltet sich die Suche nach den Horkruxen ein wenig zäh. Aber das war sie auch in der Buchvorlage. Zudem darf es ruhig eine kleine Verschnaufpause geben, denn im Finale werden alle Beteiligten bis aufs Äußerste gefordert. David Yates nimmt sich daher viel Zeit, die Charaktere zu beleuchten. Die Hauptdarsteller dürfen ihren Charakteren noch mehr Tiefgang und eine innere Zerrissenheit verleihen. Sie sind wirklich mit den Filmen erwachsen geworden, und werden hoffentlich auch nach dem Phänomen Harry Potter ihren Weg machen. Apropos erwachsen: für Kinder ist der Film nun wirklich nur noch bedingt geeignet. Passend zu den Ereignissen wirkt die Stimmung doch sehr düster, und es kommt zum einen oder anderen tragischen Todesfall.

Als die „Geschichte der drei Brüder" erzählt wird, erleben wir gar hohe Kunst. Wie eine Mischung aus Scherenschnitt und Computeranimation wirkt die Präsentation hier. Dieser Stilwechsel mitten im Film darf als einer der absoluten Höhepunkte angesehen werden.

Die dritte Regiearbeit von David Yates innerhalb der Harry-Potter-Reihe wirkt am ausgereiftesten. Sehr schön wird am Ende nochmal eine Klimax innerhalb der Handlung gesetzt, und mit Spannung darf nun der Schlußpunkt erwartet werden.

Harry Potter und die Heiligtümer des Todes: Teil 2 (Harry Potter and the Deathly Hallows: Part 2)

GB/USA 2011, Länge: 130 Min.

R: David Yates, D: Daniel Radcliffe, Emma Watson, Rupert Grint, Michael Gambon, Ralph Fiennes, Helena Bonham Carter, David Thewlis, Robbie Coltrane, Tom Felton, Alan Rickman, Evanna Lynch, John Hurt, Maggie Smith, Warwick Davis

Mit dem nun vorliegenden Film ist die Harry-Potter-Saga auch im Kino abgeschlossen. Um den umfangreichen siebten Band gerecht zu werden, und wohl auch ein wenig um des schnöden Mammons Willen, hat man sich dafür entschieden, das Buch in zwei Teilen zu verfilmen. ("Der kleine Hobbit" lässt grüßen!)

Die Handlung knüpft direkt da an, wo sie im letzten Film endete. Voldemort (Ralph Fiennes) steht triumphierend an Dumbledores (Michael Gambon) Grab, nachdem er sich des "Elder Stabs" bemächtigt hat. Harry (Daniel Radcliffe), Ron (Rupert Grint) und Hermine (Emma Watson) haben in Cottage Shell, dem Zuhause von Rons Bruder Bill, Zuflucht gefunden. Noch immer auf der Suche nach den "Horkruxen" - Teilen von Voldemorts Seele - wollen Sie in der Zaubererbank Gringotts einbrechen, um dort das Verlies von Todesserin Bellatrix Lestrange (Helena Bonham Carter) aufzusuchen. Nachdem sie dort fünfig geworden sind, begeben sie sich nach Hogwarts, wo ein weiterer Horkrux versteckt sein soll. Voldemort hat mittlerweile Harrys Pläne durchschaut, und greift deshalb mit einer großen Zahl von Todessern die Schule an. In der nun folgenden Schlacht kommen viele der Verteidiger ums Leben, unter anderem Remus Lupin (David Thewlis) und seine Frau Tonks. Harry stellt sich letztendlich dem Feind, weil er erfahren hat, dass ein Teil von Voldemorts Seele auf ihn übergegangen ist, als dieser seinerzeit versucht hat, ihn zu töten. Somit ist Harry selbst ein Horkrux, der zwangsweise vernichtet werden muss, um Voldemort endgültig zu besiegen. Er stirbt jedoch nicht, sondern landet in einer Art Zwischenwelt, in der er Albus Dumbledore trifft. Dieser stellt ihn vor die Wahl: entweder für immer dahinscheiden, oder zurück in die Welt der Lebenden. Harry, nun des in ihm wohnenden Horkruxes entledigt, entscheidet sich für Letzteres. Im finalen Kampf gegen Voldemort kann Harry dann triumphieren, da sich der Elder Stab gegen den dunklen Feind stellt, und er somit durch den eigenen Fluch stirbt.

Ein bißchen Wehmut ist schon dabei, wenn die letzten Szenen des Films laufen. Eine zehn Jahre andauernde Epoche geht nun zu Ende. Neue Harry-Potter-Filme quasi im Jahrestakt, das ist jetzt vorbei. Doch es ist ein versöhnlicher Abschied. Mit einem gigantischen Spektakel verabschiedet sich Regisseur David Yates zusammen mit seinen Hauptdarstellern, die allesamt mittlerweile erwachsen geworden sind. Zwar gibt es einige Punkte, die man sicher etwas besser hätte machen können. Einige Szenen, die man sich bei Lesen im Kopf etwas anders vorgestellt hatte. Aber im Großen und Ganzen kann man durchaus zufrieden sein. Alle wichtigen Figuren haben noch einmal ihre Szenen bekommen, und was die fehlende Charakterzeichnung betrifft, die einige Kritiker sicher wieder bemängeln werden, so kann man denen entgegensetzen: Das hier ist das Finale! Charakterisiert wurde in den letzten Filmen wirklich mehr als genug. Es kann und darf ruhig zur Sache gehen. Und das tut es zur Genüge! Und dennoch fehlt das typische Harry-Potter-Flair nicht. Deshalb ist der Film auf ganzer Linie empfehlenswert, und das nicht nur für Fans!

I am Legend

USA 2007, Länge: 100 Min.

R: Francis Lawrence, D: Will Smith, Alice Braga, Charlie Tahan

Mit „I am legend" hat Richard Matheson einerseits eine Vampirgeschichte vorgelegt, die erstmals den Mythos wissenschaftlich zu erklären versucht, und andererseits ganz nebenbei ein neues Subgenre geschaffen, das heute nicht mehr wegzudenken ist aus der Welt des Horrors. Regisseur George A. Romero („Die Nacht der lebenden Toten") gibt offen zu, von Matheson beeinflußt worden zu sein, und Filme wie „28 days later" wären ohne „I am legend" überhaupt nicht denkbar. Lange Zeit mußten die Leser auf eine adäquate Verfilmung des Stoffes warten. Nachdem es in den sechziger Jahren schon einmal einen wenig beachteten Versuch mit Horror-Ikone Vincent Price in der Hauptrolle gegeben hat, war es vor allem „Der Omega Mann" mit Charlton Heston, der uns in Erinnerung blieb. Allerdings begeisterte hierbei eigentlich nur der erste Teil des Films, der ein menschenleeres Los Angeles zeigt. Die Vampire, die kurzerhand zu kapuzentragenden und weißhäutigen Sektenbrüdern gemacht wurden, sorgten bei den Fans zu Recht für Unmut. Dann gab es seit Anfang der neunziger Jahre immer wieder Versuche, den Stoff neu zu beleben, unter anderem durch Ridley Scott. Der wollte jedoch Arnold Schwarzenegger für die männliche Hauptrolle, welcher zu dieser Zeit sehr teuer war. Das wiederum führte dann dazu, daß das von den Studios veranschlagte Budget in astronomische Höhen schoß, und das ganze Projekt somit wieder auf Eis gelegt wurde. Und jetzt ist es endlich soweit, mit Will Smith wurde ein (mehr oder weniger) passender Akteur gefunden, und der Aufwand, der für die Dreharbeiten betrieben wurde, läßt Hoffnung aufkeimen.

Aber worum geht es eigentlich? Was war Mathesons Idee, die so revolutionär war, daß sie eine ganze Ära von Horrorfilmen geprägt hat? Wissenschaftler Robert Neville (Will Smith) ist nach einer Virenepidemie der letzte überlebende Mensch. Zusammen mit seinem Schäferhund Sam streift er tagsüber durch das verlassene New York und sucht nach einem Heilmittel für die Krankheit. Nachts muß er sich in seinem Haus verbarrikadieren, denn die vom Virus infizierten Menschen sind zu rasenden, das Tageslicht fürchtenden Bestien geworden, die bei Dunkelheit aus ihren Verstecken hervorkommen...

Einmal abgesehen von den offensichtlichen Änderungen (schwarzer Hauptakteur, New York anstatt Los Angeles, Zombies anstatt Vampire, Vorgeschichte) ist den Machern ein während der ersten Stunde wirklich überzeugender Film gelungen. Die Bilder vom ausgestorbenen New York tragen sehr viel zur Atmosphäre bei, und auch Will Smith macht seine Sache nicht unbedingt schlecht. Lediglich die Szenen der nächtlichen Attacken hätte man sich etwas ausgeprägter und beängstigender gewünscht. Dann jedoch, als Neville das erste Mal auf die Infizierten trifft, zeigt sich die Hauptschwäche des Films: die komplett computeranimierten Gestalten, die zudem noch unrealistischerweise Wände hochklettern können, sehen einfach nicht furchterregend aus! Da wäre weniger wirklich mehr gewesen und manchmal wünscht man sich das gute alte Makeup der achtziger Jahre zurück. Aber selbst das wäre noch zu verschmerzen gewesen. Das Ende jedoch wurde dermaßen sinnentfremdet, daß man kaum noch von einer Verfilmung des Buches „I am legend" sprechen kann. Denn der titelgebende Satz bezieht sich nicht wie ursprünglich darauf, daß Neville der letzte seiner Art und das eigentliche Monster unter einer neuen Gesellschaft von Vampiren ist, sondern auf die heroische und heilsbringende Tat, als er letztendlich das Gegenmittel für die Epimdemie findet, und sein Leben opfert, um es weiterzugeben. Das ist vielleicht einfacher verdaulich fürs Publikum, aber trotzdem einfach nur platt. Daher müßte man eigentlich zwei Bewertungen geben. Als Buchverfilmung versagt „I am legend" fast auf ganzer Linie, als eigenständiges Werk jedoch ist es annehmbares Popcornkino. Da die meisten Leute aber das Buch nicht kennen, wird hier der „weichere" Maßstab angesetzt.

Indiana Jones und das Königreich des Kristallschädels (Indiana Jones and the Kingdom of the Crystall Skull)

USA 2008, Länge: 123 Min.

R: Steven Spielberg, D: Harrison Ford, Shia LaBeouf, Karen Allen, Cate Blanchett, Ray Winstone, John Hurt, Jim Broadbent, Igor Jijikine

Man könnte vermuten, das Erscheinen eines vierten Teils der „Indiana Jones"-Reihe ist dem momentanen Trend, alte Haudegen wie Rambo oder John McClane wiederzubeleben, geschuldet. Daß dem aber nicht so ist, erfährt man, wenn man sich ein wenig mit den Hintergründen beschäftigt. Schon Mitte des neunziger Jahre bestätigte Harrison Ford im Interview mit Oprah Winfrey, daß es eine weitere Fortsetzung geben würde. Daß diese aber erst jetzt, über zehn Jahre später, realisiert wurde, hat verschiedene Ursachen. Zum einen dauerte es eine ganze Weile, bis ein brauchbares Drehbuch vorlag. Unter anderem Frank Darabont hat sich an einem Skript versucht, aber entweder war Produzent George Lucas nicht einverstanden, oder einer der anderen Beteiligten. Dann war es natürlich so, daß es immer wieder zu Terminschwierigkeiten kam. Gerade Lucas war lange Zeit mit seiner zweiten „Star Wars"-Trilogie beschäftigt, und auch Spielberg und Ford hatten einen vollen Kalender. Daher stand das Entstehen von Teil vier lange Zeit auf der Kippe, zumal Harrison Ford ja auch nicht jünger wurde. Letzterer war es auch schlußendlich, der Spielberg die Pistole auf die Brust setze: wenn der Film 2008 nicht in die Kinos kommt, dann wäre er raus aus der Sache. Dann schien es irgendwie doch recht schnell zu gehen, ein Drehbuch mit dem alle zufrieden waren aus der Feder von David Koepp lag nun vor, und die großen drei hatten endlich auch alle Zeit. Nun ist es endlich soweit: der Film mit dem etwas sperrigen Titel „Indiana Jones und das Königreich des Kristallschädels" liegt vor!

Aber worum geht es eigentlich? Da Harrison Ford natürlich sichtlich gealtert ist, war klar, daß die Ereignisse nicht mehr während der Nazizeit stattfinden konnten, sondern eher in der Zeit danach, also im kalten Krieg. Aber Indiana Jones wäre nicht Indiana Jones ohne einen würdigen Gegenspieler. Was liegt also näher, als die Nazis einfach durch die Russen zu ersetzen, und mit Irina Spalko, gespielt von Cate Blanchett, eine echte Bilderbuchschurkin an deren Spitze zu setzen? Die Russen, vor allem Spalko, haben ein ebensolches Faible für alte, machtbringende Artefakte, wie seinerzeit die Nationalsozialisten. Und so verwundert es nicht, daß sie auf der Suche nach dem Kristallschädel sind, der, wenn man ihn an seinen Ursprungsort irgendwo in Peru zurückbringt, die absolute Macht verleihen soll. Klar, daß Dr. Jones da noch ein Wörtchen mitzureden hat. Seite an Seite mit dem jungen Hitzkopf Mutt Williams (Shia LaBeouf) und seiner alten Jugendliebe Marion Ravenwood (Karen Allen) beginnt Indy einen Wettlauf um den Erdball, um die Katastrophe zu verhindern. Was es in Wirklichkeit mit dem Kristallschädel auf sich hat, hätte sich unser Professor trotz aller Abgebrühtheit aber sicher in seinen kühnsten Träumen nicht vorgestellt...

Um eines gleich vorwegzunehmen: wer Bedenken bezüglich Harrison Fords Alter hatte, der kann beruhigt werden. Er hat noch das gleiche spitzbübische Grinsen wie eh und je, und macht in den Actionszenen eine wirklich überzeugende Figur. Schon eher sichtlich gealtert ist da Karen Allen, die ihre Rolle der Marion Ravenwood aus Teil eins wiederholt.

Man merkt den Machern wirklich an, daß sie versucht haben, das alte Flair wieder aufleben zu lassen. Schon wenn das Paramount-Logo erscheint, werden angenehme Erinnerungen wach und man fühlt sich wie zu Hause. Dann jedoch holpert es etwas mit der Story. Auch wenn die Lagerhalle der Artefakte aus „Jäger des verlorenen Schatzes“ bekannt ist, und man versucht hat, schon damit den Bogen zur Vergangenheit zu schlagen, wirken die Szenen irgendwie künstlich. Erst als Indy wieder als Professor im Hörsaal steht, kommt zum ersten Mal richtiges Indiana-Jones-Feeling auf. Dann geht es eigentlich spannend weiter, auch die Vater-Sohn-Geschichte wurde ganz gut gelöst und wirkt wie eine Reminiszenz an die Szenen aus Teil drei, als Ford in der Rolle des Sohnes steckte und Sean Connery der Vater war. Die Verfolgungsjagd durch den Dschungel gehört dann mit zum spektakulärsten was das Franchise bisher zu bieten hatte. Nur der sich von Liane zu Liane schwingende Mutt wirkt hier ein wenig lächerlich. Gegen Ende des Films, als dann die Auflösung mit den Ausserirdischen präsentiert wird, und sich das Ufo in den Himmel erhebt, driftet die Handlung dann leider in esoterisches Erich-von-Däniken-Geschwurbel ab. Man merkt, daß Lucas und Spielberg sich in den letzten Jahren sehr intensiv mit Science-Fiction-Themen beschäftigt haben. Das ist sicherlich schön und gut, gehört aber einfach nicht in einen Indiana Jones Film. Zudem muß man sagen, daß die Russen, und vor allem Irina Spalko, einfach kein guter Gegenspieler sind. Dazu fehlt ihr einfach das Charisma, vielleicht wäre ein Mann hier besser gewesen. Wenn man Adolf Hitler schon im dritten Teil gezeigt hat, warum in der Fortsetzung nicht eine kleine Szene mit Stalin? Das hätte die Glaubwürdigkeit der Bösewichte sicherlich untermauert.

Bleibt noch zu sagen, daß manche Szenen wirken, als hätte man sie im Studio gedreht, um Geld zu sparen. Das ist bei einem solchen Blockbuster natürlich sehr schade.
„Indiana Jones und das Königreich des Kristallschädels" ist auf keinen Fall ein schlechter Film. Im Gegenteil: er ist sogar besser als man hätte erwarten können. Aber er bleibt doch deutlich hinter seinen zugegebenermaßen perfekten Vorgängern zurück, läßt man den mißlungenen zweiten Teil mal aussen vor. Man darf gespannt sein, wie es jetzt mit der Serie weitergeht. Zumindest am Ende deutet sich ja eine eventuelle Übergabe des Staffelstabes an Shia LaBeouf an. Da dieser seine Sache wirklich gut gemacht hat, wäre das vielleicht nicht einmal die schlechteste Idee...

Inglourious Basterds

USA/D 2009, Länge: 154 Min.

R: Quentin Tarantino, Eli Roth D: Brad Pitt, Christoph Walz, Eli Roth, Mélanie Laurent, Michael Fassbender, Til Schweiger, Diane Kruger, Daniel Brühl, August Diehl, Gedeon Burkhart, Michael Myers

Die Story zu Quentin Tarantinos aktuellem Film geisterte schon seit über zehn Jahren im Kopf des Regisseurs herum. Aber immer wieder wurde das Projekt hintenangestellt, zuletzt etwa für „Death Proof". Mehrfach wurde das Skript auch umgeschrieben, doch jetzt ist es endlich soweit: Das quasi-Remake von „Ein Haufen verwegener Hunde" ist fertig und startklar für die große Leinwand!

Eine Mischung aus Italowestern und Kriegsfilm hatte der Maestro vor Augen. Und ungefähr in die Richtung geht es dann auch, was der Zuschauer zu sehen bekommt. Brad Pitt glänzt in der Rolle des Aldo Raine, seines Zeichens Jude mit indianischen Vorfahren. Dieser führt zu Zeiten des Zweiten Weltkriegs eine Truppe ebenfalls jüdisch-amerikanischer Söldner an, deren einziges Ziel es ist, hinter den feindlichen Linien so viele Nazis wie möglich zu töten. Als zu Propagandazwecken der Film „Der Stolz der deutschen Nation" in einem französischen Kino aufgeführt werden soll, ist das für die „Basterds" eine willkommene Möglichkeit, den kompletten Führungsstab der Deutschen auf einen Streich zu erledigen...

Die namensgebenden Bastarde verliert der Film bei seinen zweieinhalb Stunden Laufzeit gelegentlich etwas aus den Augen. Scheinbar endlos sind einige der zugegebenermaßen wieder genial geschriebenen und kultverdächtigen Dialoge. Der Tarantino-Fan kommt jedoch dank zahlreicher Anspielungen und einiger krasser Gewaltszenen voll auf seine Kosten. Christoph Walz wurde für seine Rolle als SS-Judenkiller Hans Landa in Cannes zurecht mit der goldenen Palme bedacht und hat für seine Darstellung zudem den begehrten Oscar eingeheimst. Seitdem ist er in internationelen Produktionen ein grfragter Star. Abgerundet wird des Ensemble durch die wahrscheinlich größte Anzahl an deutschen Schauspielern, die es je in einer Hollywoodproduktion gegeben hat. Dies ist aber auch wenig verwunderlich, wurde der Film doch zu einem großen Teil in Deutschland mit deutschem Geld gedreht.

„Inglourious Basterds" ist nicht Herrn Tarantinos bester Film, diesen Titel beansprucht nach wie vor das geniale “Pulp Fiction” für sich. Aber auch sicherlich nicht sein schlechtester, und somit durchaus einen Blick wert.

John Rambo

USA/D 2008, Länge: 91 Min.

R: Sylvester Stallone, D: Sylvester Stallone, Julie Benz, Matthew Marsden

Daß Sylvester Stallone es noch kann, das hat er uns in „Rocky Balboa" gezeigt, der alles in allem eine runde Sache war. Die logische Konsequenz ist natürlich die, daß er sein anderes Alter Ego aus den achtziger Jahren ebenfalls wiederbelebt: John Rambo. Der wortkarge Einzelkämpfer steht im krassen Gegensatz zum ewig palavernden Boxer, der es immer wieder „nochmal wissen will". Rambo läßt lieber Taten sprechen, und die sind gewaltig. Viel Kritik mußte Stallone für seine handwerklich durchaus gut gemachten, aber übertrieben brutalen und patriotischen Streifen einstecken, daher, und aufgrund Stallones fortgeschrittenen Alters, erscheint das Wagnis eines weiteren Films umso größer.

Rambo hat (wieder einmal) seinen Frieden gefunden, und fristet in Thailand ein karges Dasein als Schlangenfänger. Eines Tages wird er von einer Gruppe Menschenrechtler gebeten, sie mit seinem Boot in das krisengeschüttelte Birma zu bringen, um der dortigen Bevölkerung zu helfen. Nach einigem Zögern sagt er auch zu, warnt jedoch vor den zahlreichen Gefahren. Es kommt wie es kommen muß: die einzige Frau der Gruppe wird von Piraten entführt, und Rambo sieht rot. In den letzten zehn Minuten des Films darf Stallone dann zeigen, daß er nichts verlernt hat...

„John Rambo" hat im Vorfeld erstaunlich gute Kritiken geerntet. Ob es nun daran liegt, daß Stallone, wie schon bei Rocky, von der üblichen Zählweise abgewichen ist, oder einfach an der Freude über das Comeback eines großen Actionhelden, auf jeden Fall sind die Magazine und Internetforen voll des Lobes. Sogar Vergleiche zum überragenden ersten Teil wurden gezogen. Ganz nachvollziehen kann man das jedoch nicht. Gut, Stallone ist in bestechender Form und hat, zumindest was die Muskelmasse betrifft, selten besser ausgesehen. Aber von Tiefgang oder charakterlicher Zerrissenheit kann keinerlei Rede sein. Auch Spannung will sich nicht so recht aufbauen, trotz des ständigem Geballers. Im Gegenteil, überwiegend macht sich Langeweile breit. Und der Ober-Bösewicht bietet keinerlei Reibungsfläche, nichts, weswegen man ihn hassen könnte, und bleibt somit völlig blass. Der Film ist dann auch (nicht zuletzt wegen der FSK) recht schnell zu Ende, und man sieht Rambo endlich heim kehren. Wenn man ihn so mit seiner Army-Jacke die Straße entlanglaufen sieht, dann kommen einem zahlreiche Ideen, was man stattdessen aus dem Film alles (besseres) hätte machen können. So aber bleibt uns nur ein überdurchschnittlich brutaler und weitaus überschätzter Actionfilm.

Keinohrhasen

D 2007, Länge: 115 Min.

R: Til Schweiger, D: Til Schweiger, Nora Tschirner, Matthias Schweighöfer, Barbara Rudnik, Rick Kavanian, Christian Tramitz, Jürgen Vogel, Armin Rhode, Wolfgang Stumph, Wladimir Klitschko, Yvonne Catterfeld, Barbara Schöneberger

Klatschreporter Ludo (Til Schweiger) nimmt bei seinen Recherchen keine Rücksicht auf Verluste. Eines Tages jedoch treibt er es zu weit: Zusammen mit Kollege Moritz (Matthias Schweighöfer) knallt er durch das Glasdach eines Luxushotels, in dem Boxer Wladimir Klitschko gerade seiner Angebeteten Yvonne Cattefeld einen Heiratsantrag machen will. Zur Strafe muß Ludo nun Sozialstunden in einem Kindergarten leisten. Keine angenehme Aufgabe für den arroganten Weiberheld. Zumal Kindergärtnerin Anna (Nora Tschirner) noch ein Hühnchen mit ihm zu rupfen hat, wurde sie doch als Kind von Ludo stets gehänselt. Im Laufe der Zeit kommt es jedoch, wie es kommen muß: die beiden kommen sich näher, und das häßliche Entlein Anna entpuppt sich als schöner Schwan, den es zu erobern gilt. Und es wäre keine vorweihnachtliche Liebeskomödie, wenn es nicht zum Happy End kommen würde!

Fast im Alleingang hat Til Schweiger diesen Film aus dem Ärmel geschüttelt. Die Hauptrolle hat er sich auf den Leib geschrieben, produziert wurde das ganze von Schweigers Firma Barefoot Films und auch das Regieführen hat er sich nicht nehmen lassen. Als Besetzung wurde eine illustre Truppe versammelt, inklusive einiger Gastauftritte deutscher Promis. Die Glaubwürdigkeit der weiblichen Hauptdarstellerin Nora Tschirner sei jetzt einmal dahingestellt, könnte sie doch rein vom Alter her Schweigers Tochter sein.
Die Story selbst ist sicherlich nicht neu, weiß aber dank vieler treffender Pointen und dem erfrischenden Spiel der Darsteller zu überzeugen. Daß bei der Länge von zwei Stunden auch mal der eine oder andere Witz daneben geht oder platt wirkt, kann man da verschmerzen. Man hätte dies jedoch umgehen können, wenn man die Handlung auf 90 Minuten gestrafft hätte, das wäre sicherlich problemlos möglich gewesen.

So bleibt uns aber trotzdem eine nette deutsche Komödie im Einheitsbrei der uns sonst oft in den Kinos zugemutet wird. Besonders verliebte Paare werden ihren Spaß haben!

Knight and Day

USA 2010, Länge: 109 Min.

R: James Mangold, D: Tom Cruise, Cameron Diaz, Peter Sarsgaard, Maggie Grace

Trotz aller frommen Absichten, die viele Filmemacher haben, wie zum Beispiel das Vermitteln einer Botschaft oder das Üben von Sozialkritik, wurde das Kino doch in erster Linie geschaffen, um die Menschen mit auf eine Reise zu nehmen, ihren Alltag für zwei Stunden zu vergessen, kurz: zu unterhalten. Darum ist es immer wieder erstaunlich, wie sehr manche durchaus unterhaltsamen und kurzweiligen Filme von selbsternannten Filmkritikern förmlich in der Luft zerrissen werden. „Knight and Day" ging es da nicht anders, was vielleicht aber auch an seinem polarisierenden Hauptdarsteller Tom Cruise liegt, welcher immer wieder für zwiespältige Schlagzeilen sorgt.

June (Cameron Diaz) stößt auf dem Flughafen zufällig mit dem sympathischen Roy (Tom Cruise) zusammen, der dann im Flugzeug sogar ihr Sitznachbar ist. In der Hoffnung, das Schicksal würde es gut mit ihr meinen, und sie wäre ihrer großen Liebe begegnet, geht June kurz zur Toilette, um sich frisch zu machen. Als sie zurück kommt, muß sie feststellen, daß nicht nur sämtliche Passagiere tot sind, sondern auch die Crew - ermordet von Roy! Er ist nämlich, und das erfährt man nach und nach im Verlauf der Handlung, ein Geheimagent, auf der Flucht vor FBI und ausländischen Waffenhändlern. Da June aber bereits zu viel gesehen hat, wird sie seine (zu Anfang) unfreiwillige Begleiterin auf einem aberwitzigen Trip rund um den Erdball.

„Knight and Day" ist eine typische Sommer-Action-Komödie mit wenig Tiefgang, aber einem sehr hohen Tempo. Tom Cruise und Cameron Diaz harmonieren erstaunlich gut, man merkt teilweise regelrecht die Funken sprühen. Angesichts dieser Tatsache fragt man sich, wie wohl Cruises Ehefrau Katie Holmes reagiert hat, welche sicherlich immer mit am Set war.

Das eingangs erwähnte Dilemma von solchen Produktionen schlägt sich leider auch auf das Einspielergebnis wieder - der Film war in den USA ein Flop. Angesichts der gebotenen Action, der gut gelaunten Darsteller und des Timings der Gags ist dies jedoch ein wenig unverständlich.

Kung Fu Panda

USA 2008, Länge: 92 Min.

R: Mark Osborne, John Stevenson, Sprecher: Hape Kerkeling, Gottfried John, Thomas Fritsch, Cosma Shiva Hagen, Ralf Schmitz

Po träumt davon, ein berühmter Kung-Fu-Kämpfer zu sein. Es gibt dabei jedoch zwei kleine Probleme: erstens ist er ein schwerfälliger Pandabär, zweitens arbeitet er in der Suppenküche seines Vaters, welcher keinerlei Verständnis für die Ambitionen seines Sohnes hat. Als eines Tages in einer Zeremonie der legendäre Drachenkämpfer ausgewählt werden soll, ist Po Feuer und Flamme - dieses Spektakel möchte er sich auf keinen Fall entgehen lassen. Durch einen Zufall jedoch fällt die Wahl der weisen Schildkröte Oogway jedoch ausgerechnet auf unseren Anti-Helden. Nur widerwillig übernimmt Kung-Fu-Meister Shifu das Training des Dickerchens. Und das ist auch bitter nötig, ist doch der gefürchtete Schneeleopard Tai Lung nach 20 Jahren aus dem Gefängnis ausgebrochen, um Rache zu nehmen, und seinerseits den Titel des Drachenkämpfers für sich zu beanspruchen...

Dreamworks' neuer Animationsfilm spukt schon seit fünf Jahren in den Köpfen der Macher herum. Die Verbindung von Tieren und Humor war schon immer ein Erfolgsrezept, und wenn man das ganze mit ein wenig Action und Tiefgang würzt, dann ergibt das einen Film, der alle Altersgruppen gleichermaßen anspricht. Dieses Konzept geht auch mehr oder weniger auf, aber leider fehlt hier etwas entscheidendes: die emotionale Bindung zu den Figuren! Kann man mit Hauptdarsteller Po noch halbwegs mitfühlen, so verblassen doch die übrigen Charaktere völlig. Es gibt keine Ensemble-Leistung so wie bei Ice Age oder Madagaskar, wo jeder eine andere liebenswerte Macke hatte, nein hier muß Po alles selbst herausreißen. Der warmherzige Slapstick und die hohe Gag-Quote wurde zugunsten einer etwas ernsthafteren, fast schon philosophischen Story um Ehre und Zielstrebigkeit zurückgeschraubt. Sehr dialoglastig wird dabei die Geschichte erzählt. Erst die letzten zwanzig Minuten zeigen, was man alles aus der Grundidee hätte machen können.
Technisch kann man dem Film hingegen wenig vorwerfen, die Animationen sind up-to-date und die Action kann sich wirklich sehen lassen. Auch wenn es gewöhnungsbedürftig ist, einer Schlange beim Kung Fu zuzuschauen.
Heraus kam sicherlich kein schlechter Animationsfilm, nur reicht er nicht an seine sehr erfolgreichen Vorgänger heran.

Das Leben der Anderen

D 2006, Länge: 137 Min

R: Florian Henckel von Donnersmarck, D: Sebastian Koch, Martina Gedeck, Ulrich Mühe, Herbert Knaup, Ulrich Tukur

DDR, Mitte der achtziger Jahre: wegen einiger Verdachtsmomente beschließt die Stasi, den eigentlich regimetreuen Ostberliner Theaterschriftsteller Georg Dreymann (Sebastian Koch) unter Beobachtung zu stellen. Das kommt auch Parteifunktionär Hempf (Thomas Thieme) zu gute, da dieser es auf Dreymanns Freundin, die Schauspielerin Christa-Maria Sieland (Martina Gedeck) abgesehen hat. Hauptmann Wiesler (Ulrich Mühe) wird abgestellt, die Wohnung des Verdächtigen rund um die Uhr abzuhören. Als Dreymanns Freund, der Theaterregisseur Albert Jerska (Volkmar Kleinert) sich wegen einem Aufführungsverbot das Leben nimmt, ändert sich seine Einstellung zur Regierung. Er beschließt, einen Artikel über die Selbstmordrate in der DDR zu verfassen, und diesen an das westliche Nachrichtenmagazin „Der Spiegel" weiterzuleiten. Die Pläne bleiben Stasi-Mitarbeiter Wiesler natürlich nicht verborgen. Doch dieser hat mittlerweile einen solch intimen Einblick in das Leben des Autors erhalten, und fast so etwas wie Sympathie entwickelt, daß er die Konspiration vor seinen Vorgesetzten so lange wie möglich verschleiert, und stattdessen nur belanglose Abhörprotokolle schreibt. Trotzdem gerät Dreymann unter Verdacht, und so versucht der Geheimdienst, seine Freundin unter Druck zu setzen, um so an die gewünschte Information zu gelangen...

Henckel von Donnersmarck hat gleich mit seinem ersten großen Projekt den großen Wurf gelandet, und den Oscar für den besten ausländischen Film eingeheimst. Dabei kam ihm sicherlich das ausgezeichnete Schauspielerensemble zugute, allen voran der viel zu früh verstorbene Ulrich Mühe. Zutiefst überzeugend spielt er einen einsamen Menschen der eine große Veränderung erfährt und am Ende doch noch für „die gute Sache" kämpft. Aber auch das Duo Martina Gedeck und Sebastian Koch harmoniert perfekt miteinander. Das Drehbuch ist clever konstruiert und hält die Spannung auch bis zum Ende aufrecht, trotz der Überlange. Die Verhältnisse in der ehemaligen DDR werden glücklicherweise auch auf eine sehr unaufdringliche Weise zum Leben erweckt, der gelegentliche Humor ist leise und warmherzig. Und so entsteht sowohl eine Charakterstudie als auch eine tragische und spannende

Geschichtslektion, die sich jeder anschauen sollte. Auch, um gegen das Vergessen anzukämpfen.

Leg dich nicht mit Zohan an (You don't mess with the Zohan)

USA 2008, Länge: 108 Min.

R: Dennis Dugan, D: Adam Sandler, John Turturro, Emanuelle Chirqui, Rob Schneider, Michael Buffer, Mariah Carey, Kevin James, John McEnroe, George Takei

Zohan (Adam Sandler) ist israelischer Elitesoldat und lehrt palästinensische Terroristen reihenweise das Fürchten. Vor allem Top-Terrorist Nr. 1 (John Turturro), von allen nur „Phantom" genannt, wurde schon oft von Zohan dingfest gemacht, jedoch zu dessen Leidwesen immer wieder im Austausch gegen andere Übeltäter freigelassen. Bei einem erneuten Kampf mit Phantom nutzt Zohan die Chance, sich einen Lebenstraum zu verwirklichen: er verschwindet still und heimlich, um nach New York auszuwandern. Dort möchte Zohan nämlich seiner eigentlichen Leidenschaft nachgehen, und Frisör werden! Nach einigen Anlaufschwierigkeiten findet er auch eine Anstellung, ausgerechnet im Laden der Palästinenserin Dalia (Emanuelle Chirqui). Diese hat jedoch Probleme mit Bodenspekulant Walbridge (Michael Buffer), der am liebsten das ganze Viertel abreissen möchte, um ein Einkaufszentrum zu errichten. Keine Frage, daß Zohan hier helfend eingreift. Als dann auch noch sein alter Feind Phantom auftaucht, überschlagen sich die Ereignisse...

Tiefgründige Filme waren noch nie Adam Sandlers Stärke. Daher scheint es umso verwunderlicher, daß er sich hier der eigentlich brisanten Thematik des Nahost-Konfliktes annimmt, um diesen in einer seiner Komödien zu verwursten. Dieser Kunstgriff funktioniert in den ersten dreißig Minuten des Films aber wunderbar, sie gehören mit zum witzigsten, was man in den letzten Jahren an Slapstick geboten bekam. Als Zohan dann aber nach New York kommt, beginnt das ganze vor sich hin zu plätschern und nur noch selten trifft ein Witz ins Schwarze. Am Ende gibt es dann natürlich die unvermeidliche pseudomoralische Botschaft, daß sich alle lieb haben sollen. Insgesamt gesehen ist der Film auch etwas zu lang geraten für eine Komödie, da hätten 90 Minuten völlig ausgereicht. Bleibt noch zu erwähnen, daß es einige nette Gastauftritte, etwa vom „King of Queens" Kevin James oder „Star-Trek"- Urgestein George Takei gibt.
Fazit: wer Adam Sandlers Dackelblick und seinen oft unter die Gürtellinie gehenden Humor mag, der ist hier trotz Überlänge und bedenklicher Thematik gut aufgehoben. Der Rest kann sich das Geld sparen.

Mr. Brooks – Der Mörder in Dir (Mr. Brooks)

USA 2007, Länge: 121 Min.

R: Bruce A. Evans, D: Kevin Costner, William Hurt, Dane Cook, Marg Helgenberger, Demi Moore

Tagsüber der brave Familienvater und Firmenboss, nachts ein eiskalter Serienmörder. Das ist das Leben des Earl Brooks (Kevin Costner)! Angetrieben von seinem zweiten Ich Marshall (William Hurt) wird das Töten für ihn zur Sucht, ja sogar zur Obszession. Die Polizei ist dem „Fingerabdruckmörder" auf der Spur, jedoch ist Mr. Brooks dem Gesetz immer einen Schritt voraus. Das scheint sich eines Tages zu ändern, als ein Zeuge, der Hobbyfotograf Smith (Dane Cook), mit Beweisfotos auftaucht, um Brooks zu erpressen. Jedoch ist es kein Geld, das Smith verlangt. Nein, vielmehr möchte er beim nächsten Mord von Mr. Brooks dabei sein...

Sich Kevin Costner, den sonst üblicherweise strahlenden Held, in der Rolle eines kranken Killers vorzustellen ist zugegebenermaßen nicht einfach. Und diese schwere Hypothek zieht sich durch den gesamten Film wie ein Gewicht aus Blei. In der ansonsten gut geschriebenen und intelligent durchdachten Story will kaum so etwas wie echte Spannung aufkommen. Zwar ist es durchaus unterhaltsam, Costner bei den Dialogen, oder vielmehr Monologen mit William Hurt als alter Ego zuzuschauen, aber so recht überspringen will der Funke dann doch nicht. Costner gibt sich zwar alle Mühe, den zerrissenen Charakter glaubhaft darzustellen, aber die Rolle wurde einfach so gegen den Strich besetzt, daß die Zweifel bis zum Schluß bleiben. Es wird auch selten klar, mit welcher Motivation und aus welchen Beweggründen heraus Mr. Brooks sich seine Opfer auswählt, ein paar diesbezügliche Hintergrundinformationen hätten nicht geschadet. Zudem wurde mit Demi Moore eine sowohl überflüssige als auch teilweise nervige Nebendarstellerin verpflichtet. Diesen Plot hätte man sich getrost sparen können.

„Mr. Brooks" ist sicherlich ein Film, an dem sich die Geister scheiden. Mit nur wenigen Handgriffen hätte man ihn vielleicht zum „Schweigen der Lämmer" des neuen Jahrtausends machen können. So bleiben uns aber nur ein fader Nachgeschmack und ein durchschnittlicher Thriller.

Nach 7 Tagen – Ausgeflittert (The Heartbreak Kid)

USA 2007, Länge: 115 Min.

R: Peter Farrelly, Bobby Farrelly, D: Ben Stiller, Malin Akerman, Michelle Monaghan, Jerry Stiller, Eva Longoria

Nach neun Jahren Pause kommt es endlich wieder zur Zusammenarbeit zwischen Ben Stiller und den Farrelly-Brüdern. Mit „Verrückt nach Mary" haben sie zusammen einen Komödien-Klassiker geschaffen und damit den Grundstein für Stillers endgültigen Durchbruch gelegt. Warum es so lange gedauert hat, bis erneut ein gemeinsames Projekt in die Kinos kam, wissen wohl nur die Beteiligten selbst. Jetzt ist es aber endlich soweit, und wir dürfen uns über „The Heartbreak Kid" freuen. Den dämlichen deutschen Titel wollen wir mal außen vor lassen.

Eddie (Ben Stiller) betreibt einen Sportartikelladen in San Francisco. Es geht ihm soweit ganz gut, nur mit den Frauen klappt es nicht so recht. Sein Bruder ist schon lange im Hafen der Ehe gelandet, und Vater Doc (Jerry Stiller, auch im echten Leben Ben Stillers Vater) macht auch gewaltig Druck. Als er eines Tages der süßen Lila (Malin Akerman) über den Weg läuft, und sich spontan in sie verliebt, scheint sich das Blatt zu wenden. Prompt wird geheiratet, und eine Hochzeitsreise nach Mexico gebucht. Dort jedoch entpuppt sich Lila als nervige Dumpfbacke. Zufällig lernt Eddie im Hotel aber Miranda (Michelle Monaghan) kennen. Sie hat alle Eigenschaften, die er bei seiner frisch Angetrauten vermißt: sie ist witzig, spontan und liebenswert. Was tun, ist die Frage?

„Verrückt nach Mary" war so etwas wie eine Offenbarung. Doch seitdem gab es Ben Stiller in vielen diversen Filmen zu sehen, die in eine ähnliche Richtung gingen („Meine Braut, ihre Eltern und ich" etc.). Das Genre „Liebeskomödie mit Slapstick-Elementen" scheint daher seinen Zenit überschritten zu haben. Dank den Farrelly-Brüdern, Stillers unermüdlichem Einsatz, und dem Kunstgriff, Vater Jerry Stiller als seinen Filmvater zu besetzen, wird aus „The Heartbreak Kid" jedoch kein Reinfall. Auch der restliche Cast, allen voran Malin Akerman, liefert gute und pointierte Arbeit ab. Die meisten Witze treffen ins Schwarze, und einige, wie üblich, unter die Gürtellinie. Alles wie gewohnt also. Etwas störend ist nur das inkonsequente Happy-End, bei dem man sich denkt: Entweder ganz oder gar nicht. Ansonsten werden zwei unterhaltsame Stunden geboten.

Neues vom Wixxer

D 2007, Länge: 94 Min.

R: Cyrill Boss, Philipp Stennert, D: Oliver Kalkofe, Bastian Pastewka, Christiane Paul, Christian Tramitz, Oliver Welke, Christoph Maria Herbst, Wolfgang Völz, Joachim Fuchsberger, Sonja Kirchberger, Chris Howland, Hella von Sinnen, Frank Zander, Roberto Blanco, Achim Mentzel

Der Wixxer ist wieder da! Auf seiner Todesliste stehen dieses Mal keine Größen der Unterwelt, dafür aber unter anderem Inspektor Very Long (Bastian Pastewka) von Scotland Yard. Keine Frage, daß dieser sich mit seinem Partner Even Longer (Oliver Kalkofe) schleunigst auf die Verbrechersuche begibt, zumal dessen heimliche Geliebte Victoria Dickham (Christiane Paul) ebenfalls liquidiert werden soll. Fündig werden sie anscheinend im Kloster St. Vokuhila, wo eine zwielichtige Nonne ihr Unwesen treibt. Jedoch läßt sich der Wixxer nicht so einfach fangen. Als dann auch noch Longers Bruder Much (Christian Tramitz) auftaucht, scheint das Chaos perfekt.

Wieder einmal hat das Autorenteam Kalkofe, Pastweka und Welke die Creme de là Creme der deutschen Comedyszene aufgeboten. Jedoch ist es ihnen dieses Mal auch gelungen, die alten Haudegen Joachim Fuchsberger und Chris Howland für ihren Film zu gewinnen, was natürlich im Hinblick auf die Edgar-Wallace-Thematik ein wahrer Kunstgriff ist, waren doch Fuchsberger und co. quasi die „Stammbesetzung" der Klassiker aus den 60ern. Zahlreiche Gastauftritte, etwa von Roberto Blanco oder Achim Mentzel runden das Ensemble ab. Bei letzterem muss man natürlich den Hintergrund kennen, um den Gag zu verstehen. Mentzel war nämlich häufig das Ziel der Verbalattacken von Oliver Kalkofe in dessen Sendung „Kalkofes Mattscheibe".
Solche Insiderwitze finden sich an mehreren Stellen im Film. Entweder man versteht sie, oder eben nicht. Das tut dem insgesamten Vergnügen aber keinen Abbruch, da die Dichte an Lachern wieder einmal sehr hoch ist, was für die Qualität der Autoren spricht. Nur in den ersten zehn Minuten läuft das ganze etwas schleppend an, und man hat dann fast schon die Befürchtung, daß es sich hier um eine unnötige, weil schlechte Fortsetzung handelt. Dann aber kommt der Film richtig in Fahrt, und spätestens ab der Filmmitte, als es eine geniale „Werbeunterbrechung" gibt, sind jegliche Zweifel beseitigt. Natürlich ist auch wieder die Figur des „Hatler" mit dabei, die ja im ersten Teil wirklich gut funktioniert hat. Und Christoph Maria Herbst macht auch dieses Mal seine Sache

sehr gut. Leider wird aber diese Hitler-Parodie etwas überstrapaziert, etwas weniger wäre hier sicherlich mehr gewesen.

Ansonsten gibts aber nix zu meckern, „Neues vom Wixxer" ist sowohl technisch als auch dramaturgisch einwandfrei und kann sich locker mit der Konkurrenz aus den USA messen lassen.

New Kids Turbo

NL 2010, Länge: 88 Min.

R: Steffen Haars, Flip van der Kuil, D: Steffen Haars, Flip van der Kuil

Dass man mit anspruchslosen Formaten ohne besonderes geistiges Niveau durchaus Geld verdienen kann, das haben nicht zuletzt Sendungen wie „Frauentausch" und „Big Brother" im Fernsehen und „Voll normaal" im Kino gezeigt. Es geht aber immer noch schlimmer, diese Botschaft kommt jetzt aus unserem Nachbarland Holland, Mutterland der Flodders, zu uns. Dort haben fünf Jungs eine Serie produziert, die sich „New Kids" nennt. Anfangs waren die Clips nur im Internet zu sehen, dann wurde der Fernsehsender „Comdey Central" auf sie aufmerksam, und kaufte das Material, um es im Nachtprogramm auszustrahlen. Was aber macht die New Kids aus, dass sie so populär wurden? Ganz einfach, sie sprechen die niedrigsten Instinkte in jedem von uns an. Sie saufen Bier aus Dosen, sie pöbeln herum, sie sind arbeitslos, sie sind allesamt ausgestattet mit Oberlippenbart, Vokuhila-Frisur und Jogginghose. Und sie stehen auf Scooter und getunte Autos. All das läßt sie wie Relikte aus den achtziger oder neunziger Jahren wirken. Ihre Prolligkeit hat mittlerweile gerade unter den Jugendlichen wahre Stürme der Begeisterung geweckt, und zudem zahlreiche Nachahmer auf den Plan gerufen. Da ist der Schritt auf die große Leinwand natürlich die logische Konsequenz.

Die Handlung des Films existiert eigentlich nur deshalb, um möglichst viele mehr oder weniger witzige Situationen aneinanderzureihen. Rikkert (Wesley van Gaalen), Richard (Huub Smit), Robbie (Steffen Haars), Gerrie (Tim Haars) und Barrie (Flip van der Kuil), die „New Kids", hängen am liebsten zusammen rum und trinken Bier. Durch die Finanzkrise werden sie jedoch arbeitslos. Als das Arbeitsamt ihnen auch noch sämtliche Leistungen streicht, entschliessen sie sich, von nun an für nichts mehr zu bezahlen. Das ruft nacheinander den Gerichtsvollzieher, die Polizei, und das Militär auf den Plan, sorgt jedoch in der Bevölkerung durchaus für Sympathie und Begeisterung. Von einem alten Nazi wird die Gruppe mit genügend Waffen und Munition ausgestattet, und kann sich so erfolgreich zur Wehr setzen. Am Ende werden die Fünf für ihre Straftaten lediglich zu 240 Sozialstunden verurteilt.

„New Kids Turbo" ist ein Film, der die Zuschauer polarisiert. Während die einen nichts mit dem derben, gewalttätigen Humor anfangen können, ist bei anderen ein wahrer Fankult ausgebrochen. Streckenweise ist der Film denn auch wirklich komisch, das wird selbst der intelligenteste Zuschauer zugeben. Was jedoch als dreiminütiger Clip im Internet gut funktioniert, läßt sich nur schwer auf Kinolänge strecken. Nach 20 Minuten hat man sich deshalb auch sattgehört an den Kraftausdrücken der Hauptdarsteller, welche sich übrigens für die deutsche Fassung selbst synchronisiert haben. Viele witzige Einfälle wie die Unterbrechung des Films, weil den Machern angeblich des Geld ausgegangen ist, können daher auch nicht verhindern, dass sich eine gewisse Langeweile oder Abgestumpftheit einstellt. Gegen Ende wird die sowieso schon kaum vorhandene Handlung auch immer hanebüchener. Trotzdem war der Film in den Niederlanden und auch in Deutschland äußerst erfolgreich, und daher wurde schon eine Fortsetzung angekündigt.

Es klingt wie eine abgedroschene Floskel, trifft hier aber wirklich zu: wer sein Gehirn ausschaltet, der wird für eine gewisse Zeit Spaß an dem Film haben. Mehr aber auch nicht!

Paranormal Activity

USA 2007, Länge: 87 Min.

R: Oren Peli, D: Katie Featherston, Micah Sloat

Alle paar Jahre passiert es, daß ein Film die einfallslose Mühle der alteingesessenen Franchises durchbricht, und mit einem unverbrauchten, frischen Konzept aufwartet. Meist unabhängig und sehr günstig produziert, sind diese Streifen dann so vielversprechend, daß man es kaum erwarten kann, ins Kino zu gehen. Im Horrorgenre war einer der Vorreiter dieser Konzepte sicherlich das „Blair Witch Project“, welcher, mit Handkameras von Amateuren gedreht, eine fünfstellige Summe gekostet, aber eine siebenstellige eingespielt hat. Jetzt bekommt das „Saw“-geschädigte Publikum endlich wieder ein solches Juwel angeboten: „Paranormal Activity“! Regisseur Oren Peli, bisher nur in der Videospielbranche bekannt, hatte jedoch lange Zeit große Probleme, für seinen Erstling einen Verleih zu finden. Erst als der Film zufällig in Steven Spielbergs Hände fiel, war der Weg zur großen Leinwand frei.

Dabei ist die Geschichte an sich keine neue: junges Paar zieht in ein Haus ein, in dem nachts seltsame Geräusche zu hören sind. Auch sonst scheint nicht alles mit rechten Dingen zuzugehen. Einzigartig ist jedoch die Machart, und die Idee, die dahinter steckt: Mit einer Videokamera im Schlafzimmer sollen die nächtlichen Ereignisse festgehalten werden. In den ersten Nächten passiert nicht besonders viel, abgesehen von einigen Geräuschen und einer sich selbst öffnenden Tür. Doch die Ereignisse werden immer rätselhafter und zugleich erschreckender, so daß ein Parapsychologe hinzugezogen wird. Der liefert die prompte Erklärung: ein Dämon ist am Werk, und er hat es auf Katie abgesehen!

Die Spannung steigt langsam, aber gewaltig! In den USA sollen sogar Kinobesucher den Saal verlassen haben, weil das Gesehene so unerträglich war. Pelis Konzept geht voll auf: die Amateurdarsteller wirken durch ihre Improvisation sehr glaubhaft, und durch den Einsatz der Handkamera ist man immer mitten im Geschehen. Gezeigt wird zum Glück von der eigentlichen Bedrohung außer ein paar Fußspuren nichts, so daß die Phantasie des Zuschauers angeregt wird. Wenn das Finale dann nicht so arg plakativ ausgefallen wäre, hätte man jetzt schon von einem modernen Klassiker des Horrorfilms sprechen können. Hier muß man „Entdecker“ Spielberg einen Vorwurf machen, da die diesbezüglichen Änderungen im Skript auf seinen

Vorschlag hin vorgenommen wurden. Trotzdem: wem Blair Witch gefallen hat, der wird hier seine helle Freude haben!

Paul - ein Alien auf der Flucht (Paul)

F/SP/GB/USA 2011, Länge: 104 Min.

R: Greg Mottola, D: Simon Pegg, Nick Frost, Seth Rogen, Jason Bateman, Sigourney Weaver

Die Engländer Graeme (Simon Pegg) und Clive (Nick Frost) haben sich ihren großen Traum einer USA-Reise endlich erfüllt. Nach der Comic-Con in San Diego ist noch eine Tour quer durch das Land geplant, um von der Area 51 bis nach Roswell, New Mexico alle wichtigen UFO-Stätten zu besuchen. Unterwegs werden sie jedoch in einen Autounfall verwickelt. Der Fahrer des Wagens stellt sich als waschechtes Alien heraus, und stellt sich schlicht als „Paul" vor. Er ist mit seinem Raumschiff 1947 abgestürzt, und wurde seitdem von der Regierung festgehalten. Dass die Behörden nun keine Verwendung mehr für ihn haben, und ihn sezieren wollen, gefällt Paul verständlicherweise überhaupt nicht. Deshalb hat er ein Funksignal mit einem Hilferuf an seine Artgenossen verschickt. Widerwillig erklären sich die beiden Science-Fiction-Fans bereit, den so ganz alien-untypisch kiffenden, saufenden und fluchenden Paul auf seiner Flucht zum vereinbarten Treffpunkt zu unterstützen. Ständig vom FBI gejagt, beginnen sie eine aberwitzige Reise, bei dem sie es unter anderem mit einem erzkatholischen Campingplatz-Besitzer und einigen zurückgebliebenen Hinterwäldlern zu tun bekommen.

Das Duo Simon Pegg und Nick Frost hat sich bereits in „Shaun of the Dead" und „Hot Fuzz" als äußert erfolgreich bewiesen. Und wen wundert das auch? Die zwei kennen sich schon eine Ewigkeit, und sind auch im echten Leben gute Buddies. Das Drehbuch zum vorliegenden Film haben sie denn auch zusammen verfaßt, dieses Mal ohne Co-Autor Edgar Wright. Die Rolle der Science-Fiction-Nerds nimmt man ihnen auch ohne mit der Wimper zu zucken ab, da man merkt, mit welchem Spaß die beiden bei der Sache waren. Gerade für Fans dieses Genres ist daher der Film ein besonderes Vergnügen, denn es wimmelt nur so von Anspielungen auf und Verneigungen vor berühmten Filmen wie „Unheimliche Begegnung der dritten Art" und natürlich „Star Wars" und „Star Trek". Besonders die Anfangsszenen auf der Comic-Con erweisen sich hier als unerschöpfliche Quelle.

Das CGI-Alien selbst sorgt natürlich ebenfalls immer wieder für witzige Szenen, könnte aber ein wenig besser animiert sein. Positiv fällt hier wiederum die deutsche Synchronisation auf, Bela B. könnte sich in dem Bereich wirklich zur festen Größe entwickeln und erinnert phasenweise sogar an Arne Elsholtz, den Sprecher von Tom Hanks.

Alles in allem ist „Paul“ ein wirklich erfrischender Film mit zwei liebenswert kauzigen Hauptdarstellern, der gekonnt irgendwo zwischen „E.T.“ und „Fanboys“ den Science-Fiction-Kult auf die Schippe nimmt, und sowohl Eingeweihte als auch Außenstehende prächtig zu unterhalten vermag.

Planet der Affen: Prevolution (Rise of the Planet of the Apes)

USA 2011, Länge: 105 Min.

R: Rupert Wyatt, D: James Franco, Freida Pinto, John Lithgow, Tom Felton, Tyler Labine, Andy Serkis

Der satirische Roman „Der Planet der Affen“ von Pierre Boulle wurde bereits im Jahr 1968 von Franklin J. Schaffner verfilmt, damals mit Hollywood-Haudegen Charlton Heston in der Hauptrolle des Astronauten Taylor. Unvergessen sind die legendären, für damalige Verhältnisse täuschend echten Affen-Masken von Rick Baker. Unvergessen ist auch das Ende, als der Protagonist beim Erblicken der Freiheitsstatue feststellen muß, dass der Planet mit den intelligenten Affen, auf dem er gelandet ist, nichts anderes ist als die Erde der Zukunft. Es folgten noch vier mehr oder weniger gute Fortsetzungen, in denen mittels eines Paradoxons versucht wurde zu erklären, wie es dazu kommen konnte, dass die Menschen nicht mehr die vorherrschende Rasse sind.
Im Jahr 2001 machte sich schließlich kein geringerer als Tim Burton daran, ein Remake des ersten Teils zu drehen. Der Film, bei dem Mark Wahlberg die Hauptrolle spielte, war sowohl bei den Kritikern, als auch wirtschaftlich gesehen ein Flop und gilt zu recht als Burtons schlechteste Arbeit.

Nun wird das Franchise wiederbelebt, mit dem erneuten Versuch, eine Erklärung für die Ursache der Vorherrschaft der Primaten zu liefern. Die Handlung folgt dabei zumindest in einigen Grundzügen dem Verlauf der früheren Filme „Eroberung vom Planet der Affen“ und „Schlacht um den Planet der Affen“, liefert jedoch für die plötzliche Intelligenz eine ganz andere Erklärung.

Der Wissenschaftler Will Rodman (James Franco) steht kurz vor dem Durchbruch bei der Entwicklung eines Mittels gegen Alzheimer. Dabei handelt er durchaus auch im eigenen Interesse, denn sein Vater (John Lithgow) leidet ebenfalls an dieser Krankheit. Nachdem ein erfolgreicher Test an dem Schimpansenweibchen „Bright Eyes“ durchgeführt wurde, will Rodman dieses Ergebnis dem Aufsichtsrat seiner Firma präsentieren, um die Genehmigung für Versuche am Menschen zu bekommen. Der Affe bekommt jedoch unerwartet einen Wutanfall, verwüstet das komplette Labor und wird von Sicherheitskräften erschossen. In den Trümmern findet man ein Schimpansenbaby. „Bright Eyes“ war also schwanger, und wollte lediglich ihr Kind schützen. Rodman nimmt das

Baby mit nach hause und nennt es „Cesar". Dieser wächst schnell heran, und es stellt sich heraus, dass die Intelligenz seiner Mutter sich auf ihn übertragen hat. Rodman, der durch die Ereignisse bei seiner Firma in Mißkredit geraten ist, testet das Mittel heimlich nun auch an seinen Vater, dessen Zustand sich rapide verschlechtert hatte. Zunächst scheint sich auch ein Erfolg einzustellen, dieser ist jedoch nicht von Dauer. Das Mittel scheint also auf Menschen eine andere Wirkung zu haben, als auf Affen. Cesar wird nach einer gewalttätigen Auseinandersetzung mit einem Nachbarn in ein privates Tierheim gebracht. Dort werden die Affen sehr schlecht behandelt und vom Sohn des Besitzers (Tom Felton) gequält. Cesar kann aufgrund seiner überlegenen Intelligenz jedoch von dort fliehen, und bei Will Rodman etwas von dem Alzheimer-Mittel stehlen. Damit kehrt er zum Tierheim zurück, und verabreicht es sämtlichen seiner Artgenossen. Mit Cesar als Anführer brechen die nun intelligenten Schimpansen, Orang Utans und Gorillas aus, und können sowohl im Labor als auch im Zoo weitere Mitstreiter befreien. Auf dem Weg in einen nahe gelegenen Wald kommt es zur Konfrontation mit einer Streitmacht der Polizei, welche die Affen für sich entscheiden können.
Rodman unternimmt einen letzten Versuch, Cesar zur Vernunft zu bringen und zur Aufgabe zu bewegen, da er befürchtet, dass die Affen keine Chance gegen die militärische Übermacht der Menschen haben. Cesar jedoch, der mittlerweile sogar sprechen kann, möchte mit den seinigen im Wald bleiben, da er sich hier „zu Hause" fühlt.
Unterdessen breitet sich das ursprünglich als Alzheimer-Medikament geplante Mittel, das von den Menschen wie ein Virus übertragen wird, auf der ganzen Welt aus.
Mit diesem offenen, eine Fortsetzung geradezu herbeischreienden Finale wird der Zuschauer aus dem Kino entlassen. Der bisher eher weniger in Erscheinung getretene englische Regisseur Rupert Wyatt ist mit seinem Film ein großes Wagnis eingegangen. Dass eine Neuinterpretation bzw. ein Neustart der „Planet des Affen"-Serie gründlich in die Hose gehen kann, mußte wie eingangs erwähnt schon Regie-Gigant Tim Burton feststellen. Zudem gibt es außer James Franco keine großen Namen im Cast, die ein Publikum anlocken könnten. Nach dem Anschauen wird jedoch klar: es braucht auch keine großen Namen, der Star sind nämlich die (computergenerierten) Affen, allen voran Cesar. Dieser wird von Andy Serkis per Motion-Capture erschreckend gut zum Leben erweckt. So gut, dass man manchmal vergißt, dass man kein Wesen aus Fleisch und Blut vor sich hat. Auch die übrigen Effekte können voll überzeugen, ordnen sich jedoch stets der Handlung unter. Dass die beeindruckend dargestellte Schlacht auf der Golden Gate Bridge nicht zum puren, oberflächlichen Feuerwerk a lá „Transformers" geriet, ist ein wahrer Segen.

Für den Kenner der alten Filme gibt es übrigens viele kleine Dinge zu entdecken, die das Herz vor Freude aufgehen lassen. So wird etwa Cesar im Tierheim von einem Pfleger brutal mit Wasser abgespritzt. Taylor hingegen mußte sich dies im Originalfilm von einem Gorilla gefallen lassen. Und auch der Name „Bright Eyes", also „Blankauge" kommt mehrfach vor: einmal als Bezeichnung, die die Affen im alten Film für Taylor haben, einmal als Name für Cesars Mutter. Die Verhältnisse scheinen hier also umgekehrt zu sein. Und ebenso erstaunt wie die Affen in Schaffners Klassiker sind, als Taylor plötzlich spricht, ist Will Rodman, als er Cesar sprechen hört. Hatte man im Original durchaus Sympathie für den Menschen, und empfand die Zivilisation der Affen als fremdartig, ist es dieses Mal der Affe, auf dessen Seite man steht. Man gönnt Cesar daher den Sieg über die bösen Menschen. Ein derart unterhaltsames aber auch in gewisser Weise anspruchsvolles Statement gegen Unterdrückung und Tierquälerei hat es bisher selten gegeben. Kleinere Umgereimtheiten in der Handlung kann man da durchaus verzeihen.

Planet Terror (Grindhouse: Planet Terror)

USA 2007, Länge: 105 Min.

R: Robert Rodriguez, D: Freddy Rodríguez, Rose McGowan, Michael Biehn, Jeff Fahey, Marley Shelton, Josh Brolin, Stacy Ferguson, Naveen Andrews, Bruce Willis, Quentin Tarantino, Tom Savini, Danny Trejo

„Planet Terror" ist Robert Rodriguez' Beitrag zum Grindhouse-Projekt, das er gemeinsam mit Kumpel Quentin Tarantino verwirklicht hat. Dessen Film „Death Proof" war bereits vor einigen Monaten in den Kinos, obwohl beide Streifen ursprünglich als Double Feature in Anlehnung an die billigen Bahnhofsvorstellungen der siebziger Jahre geplant waren. Für den europäischen Markt wurden die beiden Teile jedoch auf Spielfilmlänge aufgebläht und als jeweils eigenständiges Werk präsentiert. Natürlich sieht man beiden Filmen die Gemeinsamkeiten an, denn sowohl Tarantino als auch Rodriguez haben sich alle Mühe gegeben, einen authentischen Look zu erreichen, inklusive schlechter Bildqualität und einigen Aussetzern.

Die Geschichte ist schnell erzählt: Fiese Militärs (unter anderem Bruce Willis und Meister Tarantino selbst) haben ein Virus freigesetzt, das die Menschen zu ekligen Zombies macht. Nur wenige sind immun gegen die Seuche. Stripperin Cherry (Rose McGowan) stellt sich an der Seite ihres Ex-Freundes Wray (Freddy Rodríguez) der Höllenbrut entgegen.

Tarantinos filmischer Grindhouse-Beitrag litt an einem Problem: die Story war zu dünn, um zwei Stunden lang zu unterhalten. Zum Glück ist das bei „Planet Terror" nicht der Fall, denn die aberwitzige und völlig überdrehte Geschichte ist dermaßen unterhaltsam, daß die Zeit wie im Flug vergeht. Schon der fiktive Trailer am Anfang, in dem Danny Trejo als mexikanischer Haudegen „Machete" seine Gegner reihenweise dem Erdboden gleichmacht, gibt die Richtung für den gesamten Film vor. Mit einer wahnwitzigen Geschwindigkeit hangelt sich Rodriguez von einer absurden Situation zur nächsten, und erst gegen Ende geht ihm ein wenig die Luft aus, und es werden etwas ruhigere Töne angeschlagen. Das Zombie-Genre wird zwar nicht neu erfunden, und das war auch gar nicht die Absicht, aber der Zuschauer darf sich trotzdem über nette Splatter-Effekte freuen, die eine Jugendfreigabe sicherlich verhindern werden. Der Film ist gespickt mit einer Unzahl an Insider-Gags und Anspielungen auf andere Werke von Tarantino und Rodriguez, sei es nun Stamm-Schauspieler Tom Savini („From

Dusk Till Dawn"), die berühmte Kofferraum-Szene oder Zigaretten der Marke „Red Apple". Ein richtiges kleines Universum haben die beiden mittlerweile geschaffen, und manche Figuren tauchen immer wieder mal auf, kultverdächtig ist zum Beispiel Texas Ranger Earl McGraw, gespielt von Michael Parks. Was die Besetzung betrifft, so wurden erneut einige gealterte Schauspieler verpflichtet, die in letzter Zeit kaum Rollen hatten, wie etwa Michael Biehn („Terminator"). Er liefert eine Glanzleistung ab und nimmt sich selbst zum Glück nicht allzu ernst. Aber allen voran sticht Rose McGowan heraus, die mit ihrer tödlichen Beinprothese sowohl cool als auch sexy ist.

„Planet Terror" ist Rodriguez' bisher bester Film und hat alles, was ein Klassiker haben muß: gute Musik, eine gehörige Prise Humor und eine bis zum Schluß fesselnde Handlung, trotz einiger Längen am Ende.

Real Steel

USA 2011, Länge: 126 Min.

R: Shawn Levy, D: Hugh Jackman, Dakota Goyo, Evangeline Lilly

Charlie Kenton (Hugh Jackman) war früher ein vielversprechender Boxer, dem jedoch der Sprung zur absoluten Weltspitze verwehrt geblieben ist. Heute tingelt er mehr oder weniger erfolgreich als Boxmanager durch das Land. Seine Schützlinge sind jedoch nicht aus Fleisch und Blut – in naher Zukunft werden nämlich die Menschen von Kampfrobotern ersetzt. Aus einer früheren Beziehung hat Charlie einen zehnjährigen Sohn, Max (Dakota Goyo), um dessen Sorgerecht nun verhandelt werden muss, da seine Mutter verstorben ist. Charlie, der sich nie wirklich im Max gekümmert hat, ist einverstanden damit, dass dessen Tante nun die Vormundschaft übernimmt. Widerwillig stimmt er jedoch zu, Max wenigstens ein paar Wochen zu sich zu nehmen. Im Laufe der Zeit verstehen sich Vater und Sohn jedoch immer besser, da sich Max ebenso begeistert für Roboterkämpfe zeigt wie Charlie. Als nach einer Niederlage wieder einmal ein Exemplar zu Bruch gegangen ist, machen sich die beiden auf einem Schrottplaz auf die Suche nach neuen Teilen – und stoßen dabei auf einen alten, schmutzigen Roboter, den sie auf Max' Wunsch hin mit nach Hause nehmen, und dort wieder instand setzen. „Atom", wie der Roboter laut seiner Aufschrift heißt, stellt sich als erstaunlich widerstandsfähig heraus. Charlie nutzt zudem seine Erfahrungen als Boxer, um Atom verschiedene Tricks und Kniffe beizubringen. Und so gewinnt das Trio einen Kampf nach dem anderen, um schließlich dem ungeschlagenen Champion „Zeus" gegenüber zu stehen.

Shawn Levys neuer Film mutet an wie eine Mischung aus „Rocky" und „Transformers". Eigentlich basiert die Story jedoch auf einer Kurzgeschichte von Richard Matheson, der auch schon die Vorlage zu „I am Legend" geliefert hat. Und die klassische Underdog-Boxgeschichte ist auch nur der Deckmantel für einen Vater-Sohn-Film, der von der langsamen Annäherung beider Seiten erzählt, und dem immer größer werdenden Verständnis füreinander. So oder ähnlich hat man es natürlich schon oft gesehen, trotzdem ist es immer wieder ein Vergnügen, Hugh Jackman als mürrischem Vater zuzusehen. Heimlicher Star des Films ist aber der Roboter „Atom", der trotz seiner computeranimierten Herkunft sehr glaubwürdig dargestellt wird. Und auch wenn man auf seinem

Gesicht keine Mimik erkennen kann, schafft er es doch, dass man ihn als fühlendes, denkendes Wesen betrachtet und eine Sympathie für ihn entwickelt.

Der komplette Film ist bis hin zum Ausgang des letzten Kampfes zwar sehr vorhersehbar und schablonenhaft, bietet jedoch mit seinen netten Action-Szenen auch einige Momente, die durchaus Spaß machen, und ist daher auf alle Fälle für einen gemütlichen DVD-Abend geeignet.

Robin Hood

USA/GB 2010, Länge: 148 Min.

R: Ridley Scott, D: Russell Crowe, Cate Blanchett, Max von Sydow, Mark Strong, Danny Huston

Auf die Frage, warum die Welt denn noch einen Robin-Hood-Film braucht, hat Hauptdarsteller und Produzent Russell Crowe geantwortet: „Weil es bisher keine einzige gute Verfilmung gab!" Aus diesem Grund hat sich Crowe erneut mit Regisseur Ridley Scott zusammengetan, der sich zum einen mit historischen Stoffen gut auskennt („Königreich der Himmel") und dem er zum anderen einen seiner größten Erfolge zu verdanken hat („Gladiator"), in der Hoffnung, diesen Erfolg wiederholen zu können. Zudem sollte die allseits bekannte Geschichte, die ja auch nicht auf historischen Tatsachen basiert, sondern aus verschiedenen Versatzstücken je nach Vorliebe zusammengeschustert wurde, aus einer neuen Perspektive beleuchtet werden: Anstatt wie bisher nur von Robin Hood als Geächtetem zu erzählen, sollte dieses Mal die Vorgeschichte erzählt werden. Wie kam es also dazu, daß sich der Held in den Wäldern von Nottingham verstecken muß, ständig auf der Flucht vor dem Sheriff und seinen Schergen?

Robin Longstride (Russell Crowe) hat als Bogenschütze an der Seite von Richard Löwenherz im dritten Kreuzzug gekämpft. Als sich der König auf seiner Rückreise quer durch Europa plündert, ist auch Robin mit einigen engen Freunden, darunter Will Scarlett und John Little, genannt Little John, dabei. Bei einem dieser Feldzüge kommt Richard jedoch ums Leben, und die verbliebenen Kämpfer suchen sich, jeder auf eigene Faust, den Weg nach Hause. Einer der Ritter, Robert von Loxley, der die Königskrone nach England bringen sollte, gerät in Frankreich in einen Hinterhalt, und stirbt in Robins Armen, nicht ohne ihm vorher den Schwur abzunehmen, sein Schwert zu seinem Vater zu bringen, und diesen um Verzeihung für sein rücksichtsloses Verhalten zu bitten. Robin, mittlerweile in England angekommen, stellt fest, daß Loxley nicht nur einen Vater, sondern auch eine schöne Frau hatte, Lady Marian (Cate Blanchett), zu der er sich hingezogen fühlt. Loxleys Vater Walter nimmt Robin wie einen verloren geglaubten Sohn auf, und bald entwickeln sich auch zu Marian zarte Bande. Als Robin von einer Intrige der Franzosen erfährt, die in einer Invasion nach England gipfeln soll, unterstützt er mit Hilfe der englischen Herzöge Prinz John, der durch den Tod seines Bruders nun König geworden ist, bei der

Abwehr. Die Schlacht wird gewonnen, trotzdem wird Robin von nun an als Geächteter behandelt, und muß sich mit seinen Getreuen in die Wälder zurückziehen.

Offensichtlich hatten Crowe und Scott in der Tat vor, ein zweites „Gladiator" zu schaffen. Jedoch wird dessen emotionale Tiefe zu keinem Zeitpunkt erreicht. Konnte man den Schmerz des Maximus über den Verlust seiner Familie und seine Wut voll und ganz nachvollziehen, treibt einem bei „Robin Hood" allenfalls das holprige, undurchdachte Drehbuch die Tränen in die Augen. Zudem harmonieren die beiden Hauptdarsteller Crowe und Blanchett in keinster Weise. Es ist auch allzu hanebüchen, wenn Marian den Überbringer der Todesbotschaft ihres Mannes gleich am ersten Abend in ihrem Schlafgemach übernachten läßt. Krampfhaft wird irgendwann im Laufe des sich schier endlos hinziehenden Films versucht, glaubhaft zu machen, warum Robin jetzt so böse und sauer und rachelustig ist. Aber die ersten zehn Minuten des ähnlich angelegten „Braveheart" sind in dieser Hinsicht überzeugender, als es hier der komplette Film ist. Am Ende fragt man sich dann, warum Prinz John Robin plötzlich zum Geächteten erklärt, wo er doch soeben England vor einer Invasion gerettet hat. Wohl nur, um krampfhaft noch die Biege in punkto „Vorgeschichte" zu bekommen. Aber diese Frage bleibt, wie viele andere, letztlich unbeantwortet.
Eines haben die Macher mit Sicherheit erreicht: sie haben eine völlig neue Geschichte geschaffen, und sich dabei um historische Tatsachen recht wenig geschert. Richard Löwenherz kehrte zum Beispiel sehr wohl nach England zurück, lebend wohlgemerkt! So sehr man sich jedoch bemüht hat, sich von den existierenden Verfilmungen abzusetzen, so sehr ist man gescheitert. Sowohl Kevin Costners Version von 1991 als auch die englische TV-Serie „Robin of Sherwood" sind um Längen besser! Diese Vergleiche sind zwar müßig und klischeehaft, jedoch muß sich gerade Russell Crowe diese gefallen lassen, da er sich doch arg weit aus dem Fenster gelehnt hat.
Der Film bietet natürlich einiges an Schauwerten. Wenn Ridley Scott etwas kann, dann Schlachtengemälde pompös inszenieren. Und so bleibt wenigestens noch etwas für Auge und Ohr. Dies rettet das Ganze dann auch knapp übers Mittelmaß. Wenn man zudem völlig unvoreingenommen an die Sache herangeht, und wirklich absolut keinen Anspruch auf eine halbwegs plausible Geschichte erhebt, dann kann man stellenweise sogar ein wenig Spaß haben.

Rocky Balboa

USA 2006, Länge: 98 Min.

R: Sylvester Stallone, D: Sylvester Stallone, Burt Young, Milo Ventimiglia, Geraldine Hughes, Tony Burton, Antonio Tarver, Mike Tyson

Sylvester Stallone, der mittlerweile die sechzig überschritten hat, kehrt im neuen Jahrtausend, im Zeitalter von „Matrix" und „Spider-Man", zu der Figur zurück, die ihn populär gemacht hat, die seinen ersten großen Erfolg markierte, vielleicht sogar seinen größten: Rocky Balboa! Der Sohn italienischer Einwanderer boxte sich vom armen Teufel zum Champion und in die Herzen der Menschen. Parallelen zu Stallones Leben sind unverkennbar.

Rocky ist mittlerweile Besitzer eines kleinen italienischen Restaurants, wo er den Gästen, die es hören wollen, von seinen früheren Kämpfen erzählt. Er ist ein einsamer Mann, denn seine Frau Adrian, die er über alles geliebt hat, verstarb vor einiger Zeit an Krebs. Das Verhältnis zu seinem Sohn ist nach wie vor angespannt, da dieser es nie geschafft hat, aus dem Schatten des populären Vaters herauszuspringen. Und dann ist da noch Paulie, Rockys Schwager und alter Weggfährte aus Boxtagen. Er ist ein zynischer, grantelnder alter Mann geworden, trotzdem aber der einzige Freund, der Rocky geblieben ist.
Als eines Tages eine Computersimulation des „Kampfes" Rocky Balboa gegen den amtierenden Boxweltmeister Mason „The Line" Dixon im Fernsehen ausgestrahlt wird, aus der Rocky als Sieger hervorgehen würde, wird in ihm ein Feuer entfacht. Er möchte seine Boxlizenz zurückerhalten, um ein paar einfache Sparringskämpfe zu bestreiten. Dixons Manager sehen darin aber die Chance , ihren gebeutelten Champ zu rehabilitieren, und bitten Rocky um einen Schaukampf der Generationen.

Stallone war nie zufrieden mit dem Abschluß seiner Rocky-Saga. Der fünfte Teil war bei Kritikern und Publikum durchgefallen. Seit 15 Jahren nun geisterten Pläne für einen würdigen Abschluß der Serie in seinem Kopf herum, aber erst jetzt konnte er die Filmbosse davon überzeugen, ihn noch einmal in den Ring steigen zu lassen. Reale Box-Opas wie George Foreman verleihen der Story eine zusätzliche Glaubwürdigkeit. Das Hauptaugenmerk des Films liegt im übrigen glücklicherweise sowieso weniger auf dem Boxkampf, denn eher auf der sorgfältigen Zeichnung des Charakters Rocky Balboa. Nur zu gut verstehen wir den Schmerz, den er über den Verlust seiner Frau empfindet. Jedoch hat

Stallone hierin so viel Aufwand gesteckt, daß die Beweggründe und Handlungsmotivationen der anderen Charaktere etwas auf der Strecke bleiben. Besonders fällt dies bei Rockys altem Kumpel Paulie auf, der scheinbar grundlos gegen alles und jeden wettert. Auch Rockys Gegner Mason Dixon bleibt blass und bietet weder Sympathie- noch Reibungspunkte. Aber es war sicherlich nicht das Ziel, von jeder Person eine feinsinnige Studie zu zeichnen, was kann man vom Drehbuchautor Stallone auch gar nicht verlangen darf. Was er aber, entgegen aller Erwartungen, geschafft hat, ist, einen kleinen, unaufdringlichen Film zu machen, der sich langsam entwickeln darf, und der den Zuschauer am Ende mit einem versöhnlichen, positiven Grundgefühl entläßt. Selten genug, daß man so etwas in der heutigen Zeit von einem Streifen behaupten kann. Und spätestens wenn dann die vertraute Rocky-Musik ertönt, dann ist es so, als würde man nach langer Zeit heimkehren.

Rush Hour 3

USA 2007, Länge: 91 Min.

R: Brett Ratner, D: Jackie Chan, Chris Tucker, Roman Polanski

Daß es zu einem dritten Teil von „Rush Hour" kam, überrascht doch ein wenig. Zwar waren die ersten beiden Filme recht erfolgreich, aber Chris Tuckers überzogene Gagenforderungen und Jackie Chans mittlerweile für einen Action-Akrobaten fortgeschrittenes Alter machten die Sache zu einem Wagnis für sämtliche Verantwortlichen. Aber man ging das Wagnis ein, und konnte sogar erneut Regisseur Brett Ratner, der ja mit „X-Men 3" inzwischen höhere Weihen erreicht hat, für den Film gewinnen. Mit diese bewährten Team kann das ganze eigentlich gar kein Flop werden. Die Einspielergebnisse bisher bestätigen dies. Die Qualität jedoch hat leider kontinuierlich abgenommen. Die Konzept des schwarzen, plappernden Amerikaners der auf einen kampfsporterprobten und eher introvertierten Chinesen trifft, mag ja im ersten Film ganz gut gezogen haben. In Teil zwei gab es dann schon Abnutzungserscheinungen, er war aber immerhin noch witzig genug um den Zuschauer bei der Stange zu halten. Mittlerweile haben wir aber eine andere Zeit. Actionstars wie Jet Li haben mit furiosen Fights die Leinwand erobert. Chans Klamauk-Kämpfe wirken dagegen etwas antiquiert. Und Chris Tucker hatte eigentlich seit „Rush Hour 2" keinen Hit mehr, weiter braucht nichts über sein Star-Potential gesagt werden.

Die Handlung ist schnell erzählt: Auf den chinesischen Botschafter Han wird ein Attentat verübt, weil dieser Informationen betreffend der dreizehn höchsten Triaden-Bosse hatte. Die Liste, auf der die Namen zu finden sind, ist auf dem Kopf von Genevieve eintätowiert, einer Pariser Nachtclubtänzerin. Keine Frage, daß sie eliminiert werden soll. Lee (Jackie Chan) und Carter (Chris Tucker) machen sich auf in die Stadt der Liebe, um den finsteren Schergen zuvorzukommen.

Welchen interessanten Schauplatz könnte es noch geben für Tucker und Chan, der genügend Potential birgt für einen interessanten Film? Nach den USA und Hongkong soll es also dieses Mal Paris sein, eine fast logische Schlußfolgerung. Die Triaden scheinen ja sowieso überall ihre Finger im Spiel zu haben. Äußerst ärgerlich ist die klischeehafte Darstellung des amerikafeindlichen französischen Taxifahrers, der einen plötzlichen Gesinnungswandel durchmacht, und am liebsten US-Spion wäre. Auch wenn es mit ihm einige witzige Momente gibt:

platter hätte man nicht für die amerikanische Sache werben können. George W. Bush wird der Film aber sicher gut gefallen. Am Ende darf der Fahrer sogar noch den Hauptbösewicht erschießen, und wieder einmal hat die USA Europäer für die weltweite Bekämpfung von Verbrechen und Terror benutzt. Auch sonst kommen die Europäer nicht gut weg, erwähnenswert ist beispielsweise Roman Polanski als Polizeichef, der eine absolut entwürdigende Rolle spielt. Warum sich der Top-Regisseur dies angetan hat, wird wohl nur er selbst wissen. Ansonsten gibt es nicht viel zu sagen. Man bekommt den üblichen Mix aus Chris Tuckers Sprüchen (manchmal witzig, manchmal dümmlich) und Jackie Chans Kampfeinlagen (altersbedingt nicht mehr ganz so spektakulär wie früher) serviert, und am Ende tanzen die Helden wie üblich aus dem Bild. Das Finale auf dem Eifelturm ist dann wieder ganz gut gelungen und bietet Spannung und Schauwerte. Sehenswert sind auch die misslungenen Szenen im Abspann, wie üblich in Chans Filmen.

Diese paar lichten Momente reichen jedoch nicht für einen wirklich guten Film..

Saw III

USA 2006, Länge: 113 Min.

R: Darren Lynn Bousman, D: Tobin Bell, Shawnee Smith, Donnie Wahlberg, Dina Meyer

Jigsaw (Tobin Bell) ist wieder da! Und er hat sich wieder eine Menge böser Fallen ausgedacht, um die Menschheit zu läutern. Zu dumm nur, daß er schwer an Krebs erkrankt ist. Also wird flugs eine Ärztin entführt, welche ihn so lange am Leben halten soll, bis er sein letztes Spiel zu Ende gespielt hat.

Die Story hört sich schlichter an, als sie es in Wirklichkeit ist. Denn der Plot ist verschachtelt, und die Beziehungen der handelnden Personen untereinander erschliessen sich erst nach und nach. Das hält die Spannung bis zum Schluss auf einem recht hohen Niveau. Einige wohldosierte Schockmomente tragen ebenfalls dazu bei, den Zuschauer bei der Stange zu halten. Der Rest des Films besteht aus, zugegeben recht kreativen, Tötungsszenen, bei denen reichlich Kunstblut verspritzt wird. Das ist zwar nichts neues innerhalb der Saw-Reihe, jedoch ist das Ausmaß der Brutalitäten doch recht schockierend, und selbst der Gore-erfahrene Fan wird das eine oder andere Mal schlucken müssen. Anscheinend wurden dennoch einige Szenen ob ihrer Härte für die Kinoversion entfernt. Man darf also auf den DVD-Release gespannt sein.

Was im ersten Teil noch originell war, und im zweiten zumindest noch nett anzuschauen, ist mittlerweile nichts anderes als das Abspulen verschiedener, besonders ekliger Hinrichtungen nach bewährtem Konzept. Der Genrefan wird zufrieden sein, mehr aber auch nicht! Der Film wird aber trotzdem sein Einspielergebnis haben, und daher ist eine weitere Fortsetzung unvermeidlich, wie das Ende auch vermuten läßt.

Saw 3D – Vollendung (Saw 3D)

USA 2010, Länge: 90 Min.

R: Kevin Greutert, D: Tobin Bell, Costas Mandylor, Cary Elwes

Das Saw-Franchise schien nach dem eher mäßigen Einspielergebnissen der letzen Filme nun endgültig und vollends ausgepreßt zu sein. Jedoch war das offene Ende von Teil sechs auf eine weitere Fortsetzung ausgelegt. Und aufgrund der neuentdeckten Lizenz zum Gelddrucken namens 3D dachten sich die Produzenten wohl: einer geht noch, und dann ist Schluß.

Erinnern wir uns: Lt. Hoffman (Costas Mandylor), der Jigsaws (Tobin Bell) Werk nach dessen Tod weitergeführt hat, und danach von dessen Witwe Jill (Betsy Russell) beseitigt werden sollte, kam knapp mit dem Leben davon. Rachegedanken sind nun das einzige, was ihn antreibt. Seine Suche nach Jill stellt den einen Handlungsstrang dar. Der andere erzählt vom Betrüger Bobby Dagen (Sean Patrick Flanery), der sich als ehemaliges Jigsaw-Opfer ausgibt, und mit Büchern und Interviews darüber Millionen verdient. Klar, dass unser mittlerweile dahingeschiedener Bösewicht, beziehungsweise sein Stellvertreter Hoffman das nicht auf sich sitzen lassen. Und so wird Dagen kurzerhand entführt, und darf nun am eigenen Leib miterleben, wie es sich wirklich anfühlt, Teilnehmer eines Jigsaw-Spiels zu sein...

Um die Hardcore-Fans bei der Stange zu halten, wurde im Laufe der Serie eine immer kompliziertere, abstrusere Handlung mit ständig neuen Wendungen entworfen. Alle anderen Kinobesucher sind sowieso nur an den ekelerregenden Splatterszenen interessiert. Dieses Konzept hat jedoch die vergangenen Jahre so gut funktioniert, dass wir nun mittlerweile auf stolze sieben Saw-Filme zurückblicken können, und das innerhalb von acht Jahren! Dass alle ein finanzieller Erfolg waren, liegt natürlich auch an den recht günstigen Herstellungskosten. Wäre dies nicht soweit eskaliert, Saw hätte sich zu recht einen modernen Horrorklassiker nennen dürfen, in einer Reihe mit Freddy Krüger und dem Alien. So bleibt uns jedoch eine Reihe von durchschnittlichen Reißern nach immer gleichem Schema. Saw 7 reiht sich da nahtlos ein. Es gibt zwar keine besonderen Höhepunkte, aber der Film ist recht unterhaltsam. Wieder einmal wird aber klar, daß Costas Mandylor nicht zum echten Bösewicht taugt. Gegen Tobin Bell als Jigsaw hat er nicht den Hauch einer Chance. Dieser bekommt leider viel zu wenig Szenen, wenn er aber zu sehen ist, spielt er gewohnt gut. Sein Auftritt in einem Buchladen, als er sich in legerer Freizeitbekleidung von Bobby Dagen ein Autogramm holt, ist gar einer der ironischen Höhepunkte des Films.

Warum man allerdings in 3D gedreht hat, wird nicht so genau klar. Die Technologie wird kaum ausgenutzt, und der Film hätte genauso gut (oder genauso schlecht) in 2D funktioniert. Wahrscheinlich dachte man sich, dass allein der Zusatz „3D" als wahrer Zuschauermagnet funktioniert

Man kann hoffen, dass die Produzenten nun ein Einsehen haben, und uns eine Weile mit neuen Saw-Filmen verschonen. Diese Kreativitätspause hätte die Serie dringend nötig. Besser wäre vielleicht in ein paar Jahren ein Reboot des Franchises, mit neuen Ideen und neuen Darstellern. Aber das Finale des Films läßt schon wieder schlimmes befürchten...

Der seltsame Fall des Benjamin Button (The Curious Case of Benjamin Button)

USA 2008, Länge: 166 Min.

R: David Fincher, D: Brad Pitt, Cate Blanchett, Tilda Swinton, Julia Ormond, Elias Koteas, Taraji P. Henson

Der neue Film von „Sieben"-Regisseur David Fincher basiert auf einer Kurzgeschichte von F. Scott Fitzgerald, die dieser bereits 1922 verfaßt hat. Schon in den Neunzigern gab es Pläne, den Stoff auf die große Leinwand zu bringen, unter anderem waren damals Steven Spielberg und Tom Cruise im Gespräch, an dem Projekt mitzuwirken. Das ganze wurde dann immer wieder mal verworfen, bis jetzt endlich mit Thriller-Spezialist Fincher ein eher ungewöhnlicher Kandidat auf dem Regiestuhl Platz genommen hat. Mit Brad Pitt und Cate Blanchett wurden die Hauptrollen dann auch recht schnell besetzt, was dem Film äußerst gut getan hat, wie wir später noch sehen werden.

New Orleans, während des ersten Weltkriegs. In einem feierlichen Festakt soll die neue Bahnhofsuhr eingeweiht werden. Das Kunstwerk hat nur einen kleinen Makel: die Zeiger laufen links herum. Keineswegs ein Versehen des Uhrenbauers war es, sondern pure Absicht, hofft dieser doch, daß wenn die Zeit rückwärts läuft, sein im Krieg gefallener Sohn ins Leben zurückkehrt. Nach dieser eindrucksvollen Parabel erfolgt der Einstieg in die eigentliche Handlung: Daisy (Cate Blanchett) liegt, von Altersschwäche gebeugt, auf dem Sterbebett. Ihre Tochter Caroline (Julia Ormond) liest ihr aus dem Tagesbuch von Benjamin Button (Brad Pitt) vor, einem Mann den Daisy einst geliebt hat. Er wurde im Jahr 1918 mit einer besonderen Krankheit geboren: Als Kind mit den äußerlichen Merkmalen eines Greises ausgestattet, wird er von Jahr zu Jahr „jünger". Nachdem seine Mutter noch auf dem Kindbett verstarb und sein Vater ihn voller Abscheu vor einem Altenheim abgelegt hat, wächst Benjamin dort als „Sohn" der Altenpflegerin Queenie (Taraji P. Henson) auf, die selbst keine Kinder haben kann. Bald lernt er das Mädchen Daisy kennen, sie wird zu einer guten Freundin und Spielkameradin. Mit siebzehn Jahren heuert er auf einem Fischkutter als Arbeiter an. Bald gerät er in die Wirren des zweiten Weltkriegs und kehrt anschließend nach New Orleans zurück. Daisy läuft ihm dabei von Zeit zu Zeit über den Weg. Dabei wird sie immer älter, und Benjamin immer jünger. Mit Ende dreißig sind endlich beide auf der „gleichen Stufe" angelangt und beginnen eine Liebesbeziehung, aus der eine Tochter hervorgeht. Doch

schon bald erkennt Benjamin, daß er nicht ewig bei Daisy bleiben kann, da er auf dem Weg ist, ein Teenager zu werden. Am Ende, Daisy ist eine alte Frau, trifft sie wieder auf Benjamin, der äußerlich jetzt ein Kleinkind ist, jedoch an Alzheimer leidet. Sie pflegt ihn, und schlußendlich stirbt er als Baby in ihren Armen an Altersschwäche.
Rückblende in die Gegenwart: Caroline erkennt, daß Benjamin Button ihr Vater war. Nachdem die Geschichte erzählt ist, kann Daisy beruhigt einschlafen, in der Hoffnung, ihren Geliebten in einer anderen Welt wieder zu treffen.

Eine faszinierende, wunderschöne Fabel über Leben, Vergänglichkeit, unerfüllte Liebe und Tod hat David Fincher geschaffen. Das drei Stunden dauernde Epos tritt damit in die Fußstapfen von Filmen wie „Rendezvous mit Joe Black" und „Forrest Gump". Die ständige Konfrontation mit dem Sterben regt einen zum Nachdenken über selbiges an. Am Ende geht man mit dem Gefühl nach Hause, daß es vielleicht gar nicht so schlimm ist, älter zu werden, vor allem wenn man es an der Seite eines geliebten Menschen erlebt. Und auch der Tod verliert einiges von seinem Schrecken, begibt man sich doch auf eine ungewisse, aber vielleicht spannende Reise, die nicht das unweigerliche Ende bedeuten muß.
Auch von der technischen Seite gibt es nichts zu bemängeln, vor allem die Kameraführung kann hervorgehoben werden. Die Musik aus der Feder von Alexandre Desplat gehört sogar zum besten und emotionalsten was seit langem auf der großen Leinwand zu hören war, und unterstreicht perfekt die Stimmung des Films.
Aber das eigentliche Juwel ist Hauptdarsteller Brad Pitt. Er hätte für seine Leistung wahrhaft einen Oscar verdient, und wurde denn auch folgerichtig mit einer Nominierung bedacht. Daß er so überzeugend agiert, liegt nicht nur am perfekten Makeup, im Gegenteil. Er bringt mit seinem nuancierten Spiel die Facetten jeder von ihm dargestellten Altersgruppe absolut überzeugend zum Ausdruck und gibt die wohl beste Leistung seiner Karriere ab. „Der seltsame Fall des Benjamin Button" ist ein Film, wie er nur ganz selten in die Kinos kommt. Ergreifend, beeindruckend, gewürzt mit einer wohltuenden Prise Augenzwinkern. Kurzum: pure Magie!

Shrek der Dritte (Shrek the Third)

USA 2007, Länge: 89 Min.

R: Chris Miller, Raman Hui, Sprecher: Mike Myers, Cameron Diaz, Eddie Murphy, Antonio Banderas, Justin Timberlake, John Cleese, Eric Idle

Der König von „Weit Weit Weg" liegt auf dem Sterbebett. Ein Nachfolger muß her, und in direkter Linie wäre dies Schwiegersohn und seines Zeichens Bilderbuch-Oger Shrek! Dieser ist aber so gar nicht begeistert von der Idee, möchte er doch lieber wieder zurück in seinen geliebten Sumpf. Als er hört, daß es noch einen weiteren Thronfolge-Kandidaten gibt, macht er sich zusammen mit Esel und gestiefeltem Kater auf die Suche nach diesem. Während seiner Abwesenheit reißt jedoch der ungeliebte Prinz Charming die Macht an sich. Und so gibt es bis zum unvermeidlichen Happy End mal wieder viel zu tun für unseren grünen Freund!

Das gute an den Shrek-Filmen: sie bewegen sich mit ihrem Humor auf einem konstant hohen Niveau. Das schlechte: die Fortsetzungen bringen nichts wirklich neues. Auch der dritte Teil der Oger-Saga krankt an diesem Makel. Wenn es überhaupt einer ist. Denn wenn etwas funktioniert, dann muß man es nicht verändern, oder? Naja ein wenig frischer Wind hätte sicherlich gut getan. Ansonsten gibts eigentlich nichts zu meckern. Die Animationen sind besser denn je, das Tempo sehr hoch, und der Verlust des Eddie Murphy-Synchronsprechers, der leider vor kurzem verstorben ist, konnte recht gut ausgeglichen werden.

The Silent House (La casa muda)

UR 2010, Länge: 86 Min.

R: Gustavo Hernández, D: Florencia Colucci, Abel Tripaldi, Gustavo Alonso

Horrorfilme gibt es wie Sand am Meer. Wirklich fesselnde Horrorfilme hingegen sind leider Gottes eher die Ausnahme. Sucht man jedoch nach einem sowohl spannenden als auch innovativen Horrorfilm, dann wird man nur sehr selten fündig. Deshalb ist verständlicherweise das Interesse sehr groß, wenn die Macher eines Streifens mit solch vollmundigen Anpreisungen wie „Echte Angst in Echtzeit" daherkommen. „Silent House" heißt der Film, und wurde in Uruguay produziert, ein Land das bisher in diesem Zusammenhang wenig in Erscheinung getreten ist.

Die junge Laura (Florencia Colucci) verbringt die Nacht mit ihrem Vater (Gustavo Alonso) in einem alten Haus, welches sie in den nächsten Tagen im Auftrag des gemeinsamen Bekannten Nestor (Abel Tripaldi) gemeinsam renovieren wollen. Kaum ist es draussen dunkel, hört Laura aus dem ersten Stock seltsame Geräusche. Sie weckt ihren Vater, und um seine Tochter zu beruhigen, macht sich dieser trotz eines ausdrücklichen Verbots ihres Bekannten, nicht nach oben zu gehen auf die Suche nach dem Ursprung des Krachs. Laura wartet im Erdgeschoss völlig verängstigt auf seine Rückkehr. Doch ihr Vater kommt nicht zurück, stattdessen hört sie, wie er laut aufschreit, danach herrscht Stille. Als sich Laura schweren Herzens aufmacht, nun selbst nachzuschauen, stellt sie im Obergeschoß fest, dass sich im Haus wohl noch jemand aufhält. Verfolgt von einem anscheinend wahnsinnigen Killer begibt sich die junge Frau nun auf die Flucht durch das völlig dunkle Haus.

Dass die Story eines Films auf wahren Ereignissen basiert, das ist aufgrund der inflationären Verwendung dieser reisserischen Ankündigung in den letzten Jahren wohl kaum noch zu glauben. Dass er jedoch in Echtzeit, also komplett ohne Schnitt in einem Take gedreht wurde, davon kann man sich beim Anschauen ja durchaus selbst überzeugen. Und tatsächlich scheint dies hier der Fall zu sein. Immer wieder wird die Kamera dabei geschickt von einem Kameramann zum nächsten weitergegeben, um zum Beispiel eine Kamerafahrt durch ein Autofenster zu bewerkstelligen. Ob aber nun wirklich überhaupt keine Schnitte vorhanden sind, das kann man nicht mit Gewißheit sagen, da es doch einige Szenen gibt, die in völliger Dunkelheit spielen, und in der man durchaus den einen oder anderen kleinen Schnitt hätte einbauen können.

Trotzdem muß man dem Film einen großen technischen Aufwand mit sehr kleinen Mitteln attestieren. Die wohl durchdachten, langen Einstellungen ohne technische Pannen oder Versprecher seitens der Schauspieler hinzubekommen, das ist schon ein kleines Kunststück an sich.

Spannungstechnisch wird dem Zuschauer trotz des großen Potentials der Idee eigentlich nicht viel neues geboten. Zwar ergeben sich durch das Problem der Perspektive eine Menge neuer Möglichkeiten, jedoch werden diese nicht ansatzweise ausgeschöpft. Im Gegenteil - dadurch, dass der Kameramann immer der Darstellerin folgen muß, verdeckt diese nämlich auch oft Schauplätze und Dinge, die man eigentlich sehen sollte. Dann wiederum wechselt die Sichtweise wieder zur Ich-Perspektive, was für den Zuschauer durchaus verwirrend sein kann. Diese Inkonsequenz in der Machart ist sehr ärgerlich. In seinen besten Momenten erinnert der Film zwar an „Rec“ und Konsorten, aber meistens ist er dann doch nur wie lauwarmer Kaffee. Und die verworrene Auflösung am Ende ist ebenfalls nicht sehr befriedigend. Trotz all dieser Mankos wurde übrigens zwischenzeitlich, wie so oft, von den USA ein Remake produziert. Bleibt zu hoffen, dass die gemachten Fehler hier nicht wiederholt wurden.

Die Simpsons – Der Film (The Simpsons Movie)

USA 2007, Länge: 83 Min.

R: David Silverman, Sprecher: Anke Engelke, Norbert Gastell

20 Jahre nach ihrem Fernsehdebüt darf die gelbe Familie endlich ihr Unwesen auf der großen Leinwand treiben. Pläne für den Kinoauftritt gab es schon länger, aber irgendwie hat es Macher Matt Groening erst jetzt geschafft, diese zu verwirklichen. Die Zeichentrickserie um die Bewohner der Kleinstadt Springfield hat sich schnell zum modernen Klassiker entwickelt, und ist mit ihrem bitterbösen Humor eher an eine erwachsene Zielgruppe gerichtet. Ein hohes Tempo und eine große Dichte an gelungenen Seitenhieben auf den American Way of Life zeichnen die Simpsons von Anfang an aus. Daher war immer auch eine gewisse Skepsis dabei, wenn es um die Konvertierung des ganzen fürs Kino ging. Würde das Konzept auch hier funktionieren? Braucht man überhaupt einen Kinofilm? Genau diese Bedenken werden gleich zu Anfang durch den Kakao gezogen, wenn Homer und seine Familie sich einen „Itchy und Scratchy"-Film anschauen, wohl um den Kritikern den Wind aus den Segeln zu nehmen.

Aber worum geht es eigentlich? Was kann noch gesagt werden, das nicht schon in zwanzig Jahren Seriengeschichte gesagt wurde? Homer, allseits beliebtes und unterbelichtetes Familienoberhaupt legt sich eines Tages ein Schwein zu, und vernachlässigt infolge dessen seinen Sohn Bart. Dieser wendet sich daraufhin dem frommen Nachbar Flanders zu. Das Schwein wiederum wird zum Problem, da es eine Menge Abfallprodukte hinterläßt, die entsorgt werden müssen. Was wäre einfacher, als diese im lokalen See zu entsorgen, denkt sich Homer! Dies führt jedoch zu einer Umweltkatastrophe unbekannten Ausmaßes. Daraufhin entschließt sich die US-Umweltbehörde dazu, Springfield einfach mit einer riesigen Glasglocke abzudecken und seinem Schicksal zu überlassen. Die Bewohner der Stadt, inklusive seiner eigenen Frau Marge, sind natürlich stinksauer auf Homer, Marge droht sogar mit Scheidung. Ob Homer seine Familie zurückgewinnen und seinen Heimatort retten kann, davon muß sich der geneigte Zuschauer selbst überzeugen.

Die Simpsons haben im Kino ein wenig mit dem gleichen Problem zu kämpfen, das auch Mr. Bean hatte. Für eine halbe Stunde mag das ganze ja witzig sein, aber aufgebläht auf Spielfilmlänge werden doch einige Schwächen

offensichtlich. Denn besteht eine normale Episode aus einer Aneinanderreihung von Gags, bei dem die Story im Hintergrund steht, muß man sich für einen langen Film natürlich eine Geschichte ausdenken, die alles zusammenhält, eine Rechtfertigung für die Witze sozusagen. Und genau da ist der Knackepunkt! Matt Groening muß natürlich das gesamte Publikum befriedigen, auch die Zuschauer die nicht mit dem komplizierten Simpsons-Kosmos betraut sind. Viele Dinge hat man in der Serie schon gesehen, teilweise um Klassen besser. Und vieles wurde einfach mit Gewalt spektakulärer gemacht, um kinotauglich zu sein, wie etwa Barts Nacktausflug auf dem Skateboard. So etwas vergleichsweise plattes gab es in der Serie kaum. Die Story selbst hat mehr Löcher als ein Schweizer Käse. Manche Dinge werden angerissen und einfach nicht zu Ende gebracht. Was wird zum Beispiel aus dem Schwein? Sicherlich spielt dies bei solch einem Film nicht die übergeordnete Rolle, ist aber doch etwas ärgerlich.
Was den Film aber doch noch in die Überdurchschnittlichkeit rettet, ist der typische Simpsons-Humor, der trotz allem nicht zu kurz kommt. Vor allem die Idee mit Präsident Schwarzenegger ist wirklich genial. Es wurde auch geschafft, fast allen Nebenfiguren zumindest einen kleinen Auftritt zu geben. Und so ist der „Simpsons-Movie“ auf jeden Fall sehenswerter als ein Großteil des Komödien-Mülls der in den Kinos landet. Nur ist die Qualität eben nicht so hoch wie die der Serie, und der Film wäre eigentlich nicht unbedingt nötig gewesen. Den wahren Fan wird das aber nicht abschrecken!

Spider-Man 3

USA 2007, Länge: 133 Min.

R: Sam Raimi, D: Tobey Maguire, Kirsten Dunst, James Franco, Topher Grace, Thomas Hayden Church, Bryce Dallas Howard, James Cromwell, Willem Dafoe

Peter Parkers Leben könnte so schön sein! Die Beziehung zu Mary Jane läuft mittlerweile wie geschmiert, und die Bürger von New York haben ihn als Spider-Man endgültig akzeptiert. Es hat sich sogar so etwas wie ein Heldenkult um unseren Netzschwinger entwickelt, und er soll sogar Ehrenbürger der Stadt werden. Aber Spider-Man wäre nicht Spider-Man, wenn da nicht dunkle Wolken am Horizont aufziehen würden. Diesmal bekommt er es sogar gleich mit drei Gegnern zu tun, und jeder einzelne hat seine Gründe, Rache zu nehmen. Da wäre als erstes einmal Harry Osborn, dessen Vater vor einiger Zeit als Green Goblin im Kampf mit Spider-Man getötet wurde. Harry hat die Ausrüstung des Vaters im heimischen Anwesen entdeckt, und hat nichts außer Vergeltung im Kopf. Als nächstes wäre da Flint Marko, der durch einen nuklearen Unfall zum „Sandman" wurde. Er ist der eigentliche Mörder von Peters Onkel Ben. Last but not least bekommt es unser Held mit sich selbst, bzw seiner eigenen dunklen Seite zu tun. Eine ausserirdische Substanz ergreift Besitz von ihm, und verleiht ihm neue Kräfte. Jedoch bringt sie auch seine gesamten schlechten Eigenschaften ans Tageslicht, und verstärkt diese. Als Spider-Man das „Kostüm" endlich loswird, verbündet sich dieses mit Eddie Brock, einem Fotografen des Daily Bugle, der noch eine Rechnung mit Peter offen hat...

Man sieht, es ist eine Menge los im Marvel-Universum und auch im dritten Teil der mega-erfolgreichen Kinoserie um den Spinnenmann. Sam Raimi hat sich diesmal mit „Venom" einen der beliebtesten und auch zugleich interessantesten Bösewichte ausgesucht. Daß Harry Osborn als Nachfolger seines Vaters auftreten würde, war ja schon am Ende von Teil zwei klar. Den „Sandman" jedoch hätte man sich getrost sparen können, und dafür die anderen beiden mehr ausarbeiten. Daß nämlich Flint Marko der eigentliche Mörder von Onkel Ben ist, ist schlicht und ergreifend falsch. Und der Overkill an Superschurken hat noch keinem Film gutgetan, man denke beispielsweise an Batman & Robin". Daß „Spider-Man 3" dennoch nicht auf dessen Niveau abrutscht, dafür sorgen die interessanteren Charaktere, die tolle Action und die warmherzige Atmosphäre. Der Gefühlsduselei ist es dann aber ein wenig zu viel, als die Dreiecksgechichte zwischen Peter, Harry und Mary-Jane wieder auflebt. Das hätte man sicherlich auf weglassen können. Man sieht, daß die Macher möglichst viel in ihr Drehbuch packen wollten, und sich dabei wohl etwas übernommen haben. Weiteres Beispiel dafür ist die Figur der Gwen Stacy, mit der Peter zwischendurch einen kleinen Flirt hat. In den Comics findet diese Begegnung lange vor der mit Mary Jane statt, Gwen ist sozusagen Peters Jugendliebe, zu der in den Filmen ja Mary Jane gemacht wurde. Daher macht das Auftreten von Gwen hier wenig Sinn, und hat wohl nur die Funktion, einen Keil zwischen das Paar zu treiben und Mary Jane Harry in die Arme zu treiben. Wo wir wieder bei der unnötigen Dreiecksgeschichte wären.

Man sieht, das Drehbuch weist doch einige Schwächen auf. Trotzdem überzeugt der Film dann doch auf ganzer Linie, wegen der eben erwähnten Action, der typischen Spider-Man Atmosphäre und weil er sich selbst nicht allzu ernst nimmt. Er ist nur eben nicht ganz so stark wie seine beiden Vorgänger.

Star Wars Episode I: Die dunkle Bedrohung 3D (Star Wars Episode I: The Phantom Menace 3D)

USA 1999/2012, Länge: 136 Min.

R: George Lucas, D: Ewan McGregor, Natalie Portman, Liam Neeson, Ian McDiarmid, Jake Lloyd, Samuel L. Jackson, Kenny Baker, Ahmed Best, Frank Oz, Terence Stamp, Keira Knightley

Die Fortsetzung, oder besser gesagt Vorgeschichte zur legendären Star Wars Saga war einer der am meisten erwarteten Filme der Neunziger. 16 lange Jahre hatten die Fans warten müssen, bis sie endlich an der Entstehung des galaktischen Superschurken Darth Vader teilhaben konnten. Jedoch mußte der Schöpfer George Lucas am Ende viel Schelte einstecken, für das, was er abgeliefert hatte. Ohne Zweifel bot „Star Wars Episode I" einiges an Schauwerten. War doch die Computertechnik endlich so weit gereift, dass die Vorstellungen des Regisseurs komplett umgesetzt werden konnten. Es wimmelte nur so von fremdartigen Kreaturen auf der Leinwand, und die gigantischen Schlachten waren an Spektakularität kaum zu überbieten. Aber eine gewisse Seelenlosigkeit wurde dem Film vorgeworfen. Das Flair der alten Filme fehlte einfach. Vor lauter Action hatte Mr. Lucas wohl vergessen, der Geschichte wenigstens ein Minimum an Glaubwürdigkeit und Warmherzigkeit einzuhauchen. Zudem hatte man mit dem ewig plappernden Jar Jar Binks eine Figur geschaffen, welche die Ewoks aus „Rückkehr der Jedi Ritter" an Nervigkeit spielerisch bei Weitem übertraf.
Trotz alledem entwicklelte sich der Film an den Kassen zum wahren Blockbuster, und ist bis heute der erfolgreichste der kompletten Star Wars Saga. Diese Tatsache, und auch die mittlerweile weiter fortgeschrittene Technologie haben George Lucas dazu veranlaßt, das vorhandene Material nun in 3D zu konvertieren, und erneut ins Kino zu bringen. Man mag von nachträglich konvertierten Filmen halten was man will, aber wenn sich etwas für die neue 3D-Technik eignet, dann ist es sicherlich „Star Wars"!

Zur Handlung seien nur ein paar kurze Worte gesagt. Die geldgierige Handelsföderation hat, im Zuge von Streitigkeiten um die Besteuerung der Handelswege in entfernte Galaxien, eine Blockade um den friedlichen Planet Naboo errichtet. Der Jedi-Ritter Qui-Gon Jinn (Liam Neeson) begibt sich zusammen mit seinem Schüler Obi Wan Kenobi (Ewan McGregor) im Auftrag der Republik nach Naboo, um zu schlichten. Es stellt sich jedoch heraus, dass die Handelsföderation unter der Kontrolle eines bösen Sith-Lords steht, und nur in dessen Auftrag gehandelt hat. Den beiden Jedi gelingt es, die Königin von

Naboo, Amidala (Natalie Portman) in Sicherheit zu bringen, und mit ihr in Richtung Coruscant, der Hauptstadt der Republik, zu fliegen. Sie sind jedoch gezwungen, auf dem Planeten Tattooine notzulanden, und dort Ersatzteile für ihr Raumschiff zu besorgen. Dort lernen sie den jungen Sklaven Anakin Skywalker (Jake Lloyd) kennen, der ihnen hilft, das Geld für die Ersatzteile zu besorgen, indem er ein sogenannte „Pod Rennen“ gewinnt. Zwischenzeitlich hat der Sith Lord seinen Schüler Darth Maul beauftragt, die Jedi auszuschalten. Qui-Gon bemerkt, dass die Macht in dem neunjährigen Jungen besonders stark ist, und kauft ihn deshalb frei, um ihn dem Rat der Jedi vorzustellen. Zurück in Coruscant, versucht Königin Amidala den Senat zu überzeugen, dass man Hilfe in Form von Truppen nach Naboo schicken soll, um ihr Volk zu retten. Da der Senat jedoch verstritten ist, und der gegenwärtige Kanzler Valorum (Terence Stamp) das Chaos offensichtlich nicht in den Griff bekommt, wird dieser kurzerhand abgesetzt, und Palpatine (Ian McDiarmid), der Senator von Naboo, zum neuen Kanzler ernannt. Amidala beschließt nun, mit Unterstützung des Unterwasservolks der Gungan, Naboo zurückzuerobern. Während die Gungans die Droidenarmee der Handelsföderation ablenken, will Amidala in den Palast eindringen, und dort den Vizekönig der Föderation gefangen nehmen. Dies gelingt letztendlich auch, mit tatkräftiger Unterstützung von Anakin Skywalker, der mit einem Raumjäger mehr oder weniger versehentlich das Kontrollschiff der Roboterarmee ausschaltet. Qui Gon Jinn wird im Kampf mit Darth Maul getötet, dieser jedoch wird kurze Zeit später von Obi Wan ausgeschaltet. Obi Wan ist nun selbst ein Jedi, und erhält vom Orden die Erlaubnis, Anakin auszubilden.

Leider muß man den Kritikern in vielen Punkten recht geben. Einmal angefangen damit, dass man sich von der Vorgeschichte zu einem der bekanntesten und erfolgreichsten Filme aller Zeiten einfach etwas anderes erhofft hatte. Die simple Story strotzt nur so vor Humbug, sei es nun die „unbefleckte Empfängnis“ von Anakins Mutter, oder die Erklärung der Macht in Form von „Midichlorianern“. Auch die sich anbahnende Lovestory zwischen einem neunjährigen Jungen und einer jungen Frau will man den Machern nicht so richtig abnehmen. Die Figur des Darth Maul taugt zudem nicht ansatzweise als ernstzunehmender Bösewicht, wie es einst Darth Vader gewesen ist, und ja auch wieder sein wird. Man bekommt einfach zu wenig Informationen über den Sith Lord, und so schnell, wie er eingeführt wird, verschwindet er auch wieder von der Bildfläche. Bleibt noch der allseits verhaßte und eingangs bereits erwähnte Jar Jar Binks. Warum George Lucas dieses dümmliche und nervtötende Plappermaul eingeführt hat, weiß wohl nur er selbst.

Trotz aller Kritikpunkte handelt es sich jedoch immer noch um einen Star Wars Film, und man kann ihm ein gewisses Flair, eine Reminiszenz an gute alte Zeiten nicht absprechen. Wenn die einleitenden Worte „Es war einmal vor langer Zeit..." auf der Leinwand erscheinen, und bald darauf die vertrauten Fanfarenklänge ertönen, dann fühlt man sich einfach wie zu Hause, und eine leichte Gänsehaut macht sich breit. Tricktechnisch ist der Film natürlich selbst heute noch State of the Art, und bietet einen wahrhaft bombastischen Anblick. Die Konvertierung in 3D war jedoch relativ überflüssig. Nur selten wird der Effekt richtig ausgenutzt, selbst während den Weltraumgefechte oder dem Pod-Rennen kommt die dritte Dimension kaum zu Geltung. Dies ist wieder einmal ein Indiz dafür, dass die Filmemacher das Geld lieber in innovative neue Projekte stecken sollten, anstatt schon existierendes Material mit aller Gewalt auf 3D zu trimmen.

„Star Wars Episode I" hat es innerhalb der Reihe nicht leicht. Mit einem neunjährigen Anakin Skywalker wirkt er manchmal eher wie ein Kinderfilm, und hat dafür einiges an Kritk einstecken müssen. Aber wenn nun einmal die Entstehungsgeschichte von Darth Vader beleuchtet werden soll, dann muss eben von vorne angefangen werden. Läßt man einmal die stellenweise etwas hanebüchene Geschichte außen vor, und ignoriert einige überflüssige Elemente der Handlung, dann wird man für zwei Stunden durchaus gut unterhalten. Und zum Glück wird ja im nächsten Film alles (noch) besser!

Die Stiefbrüder (Step Brothers)

USA 2008, Länge: 98 Min.

R: Adam McKay, D: Will Ferrell, John C. Reilly, Mary Steenburgen, Richard Jenkins

Als die Mutter von Brennan (Will Ferrell) den Vater von Dale (John C. Reilly) heiratet, und mit ihm zusammenzieht, müssen sich die beiden zwangsläufig ein Zimmer teilen. Das alles wäre eine recht normale Situation, wäre Brennan nicht bereits 39 Jahre alt, und Dale sogar 42! Beide sind zudem mehr oder weniger arbeitslos. Anfänglich sind sich die beiden spinnefeind, allmählich entdecken sie jedoch eine Menge Gemeinsamkeiten und werden bald unzertrennlich. Sie gehen sogar zusammen zu einem Vorstellungsgespräch, und als ihre Eltern sich wieder trennen, tun sie alles, um trotzdem im Haus bleiben zu können...

Der Film setzt sich mit der Frage „Was passiert, wenn ich als Einzelkind plötzlich einen Feind in meinem Territorium habe?" auseinander. Am Mitwirken von Will Ferrell erkennt man jedoch, in welche Richtung das ganze geht. Gut, bei solch einer Komödie erwartet man keine tiefgründige Geschichte oder Charakterbildung. Aber einigermaßen schlüssig und nachvollziehbar sollte es trotzdem sein. Warum beispielsweise die beiden Hauptakteure auf einmal und urplötzlich die besten Freunde sind, kann man nicht nachvollziehen. Einige wirklich witzige Szenen, die vor allem dem gut harmonierenden Duo Ferrell/Reilly geschuldet sind wechseln sich ab mit unerträglich peinlichem Fäkalhumor der untersten Schublade. Einen Pups auf der Leinwand zu zeigen, das ist doch nun wirklich weder originell noch komisch.

Stirb langsam 4.0 (Live Free or Die Hard)

USA 2007, Länge: 129 Min.

R: Len Wiseman, D: Bruce Willis, Justin Long, Timothy Olyphant, Maggie Q, Mary Elizabeth Winstead

John McClane (Bruce Willis) ist wieder da! Diesmal soll erComputerhacker Matt (Justin Long) zum FBI-Hauptquartier eskortieren, da dieser wertvolle Informationen über Cyber-Terrorist Gabriel (Timothy Olyphant) hat, der das ganze Land mittels Technik lahmlegen will. Doch hat McClane da noch ein Wörtchen mitzureden!

Eine wahre Nostalgie-Welle schwappt momentan über die Kinos. Den Anfang machte im Jahr 2003 der dritte Teil der „Terminator"-Reihe. Vor kurzem beglückte uns „Rocky Balboa" mit einem weiteren Auftritt, und nächstes Jahr wird der Traum vieler Fans in Form eines vierten „Indiana Jones"-Films wahr.
Jetzt ist aber erst einmal Bruce Willis in seiner Paraderolle als John McClane dran, die Fackel der alten Recken hochzuhalten. Und er macht es mit Bravour!
Kein bißchen Rost hat er angesetzt, im Gegenteil: Zwar fehlen Haare und weißes Unterhemd, das typische Flair ist aber auf jeden Fall vorhanden. Man fiebert wie eh und je mit, wenn McClane die Bösewichte reihenweise in den Arsch tritt!
Allein die Mitstreiter aus alten Tagen fehlen einem ein wenig. Ein Gastauftritt von beispielsweise Samuel L. Jackson hätte dem Film sicherlich nicht geschadet. So aber wirkt Willis stellenweise doch ein wenig wie ein Fossil aus vergangener Zeit in dem ganzen Wirrwarr aus Internet, Handys und jungen Menschen. Dies macht er aber mit seiner gewohnten Coolness locker wieder wett.
Was man jedoch am ehesten vermißt, ist ein würdiger Widersacher. Timothy Olyphant fehlt einfach das Charisma eines Alan Rickman oder Jeremy Irons. Dieser Umstand wird nicht besser durch die Tatsache, daß die Gefährung durch Internetkriminalität, so verheerend die Auswirkungen auch sein mögen, irgendwie zu wenig greifbar ist. Wenn ein Mann mehreren Geiseln eine Waffe vors Gesicht hält, oder ein vollbesetztes Flugzeug nicht landen kann weil alles dunkel ist, wirkt dies doch bedrohlicher, als wenn jemand hektisch und mit einem diabolischen Grinsen etwas auf einer Tastatur in den Computer eintippt.
Dies sind aber nur kleinere Makel in einem überwiegend positiven Gesamtbild, und können den wirklichen Fan natürlich nicht abschrecken. Spektakuläre Stunts der Marke „Wie haben die das jetzt bloß gemacht" und der gewohnt

trockene Humor von John McClane machen das Anschauen fast zu einem Muß. Dickes Lob auch an Jung-Regisseur Len Wiseman! („Underworld")

The Strangers

USA 2008, Länge: 90 Min.

R: Bryan Bertino, D: Liv Tyler, Scott Speedman

Es ist nicht James' (Scott Speedman) Abend: erst lehnt Freundin Kristen (Liv Tyler) seinen Heiratsantrag ab, dann stört eine unbekannte junge Frau, die an der Tür klopft, das Paar beim Versöhnungssex, und zu allem Unglück versuchen dann noch drei maskierte Fremde, ins Haus einzudringen. Daß die ungebetenen Gäste nicht nur zum Kaffeetrinken vorbeigekommen sind, wird recht schnell klar. Abgeschnitten von der Außenwelt beginnt ein verzweifelter Überlebenskampf...

Unheimliche Klopfgeräusche, schweigsame und furchteinflößende Gestalten, wohldosierte Schockmomente: in seinen guten Momenten erinnert Bryan Bertinos Film an die Klassiker des Genres. Vor allem die erste halbe Stunde gehört zum besten, was in punkto Spannung seit langem auf der großen Leinwand geboten wurde. Dabei ist es wahnsinnig wirkungsvoll, daß man die Gesichter der Angreifer nie zu sehen bekommt. Die maskierten Personen kommunizieren nicht untereinander und reden auch nicht mit ihren Opfern. Gerade das macht sie so fremdartig. Daß die Grundidee dabei nicht wahnsinnig originell ist, stört daher wenig. Leider hält die zweite Hälfte des Streifens nicht, was die erste versprochen hat. Schnell hat sich das Katz-und Maus-Konzept abgenutzt, oftmals sind die Handlungsweisen der Figuren nicht nachvollziehbar. Zudem bleiben die Macher dem Publikum eine Erklärung schuldig und kommen zu schnell zum Ende. Das kann zwar manchmal auch gut sein, nach dem Motto „weniger Information ist mehr". In diesem Fall jedoch wird der Zuschauer mit einem unbefriedigten Gefühl entlassen. Den Schauspielern kann man wiederum keinen Vorwurf machen. Sowohl Liv Tyler als auch Scott Speedman überzeugen in diesem Kammerspiel, was aufgrund der relativ kleinen Besetzung und wenigen Dialogszenen hoch angerechnet werden muß.
Aus einem ursprünglich guten Konzept hätte wesentlich mehr gemacht werden können. Aufgrund der überragenden ersten dreißig Minuten ist der Film aber trotzdem recht sehenswert.

Super 8

USA 2011, Länge: 112 Min.

R.: J.J. Abrams, D: Elle Fanning, Joel Courtney, Kyle Chandler, Ron Eldard, Noah Emmerich

Wenn sich die zwei Hollywood-Visionäre J.J. Abrams und Steven Spielberg, die für solche Meilensteine wie „Indiana Jones“ und „Lost“ verantwortlich sind, zusammentun, um einen Film zu machen, dann darf man als Zuschauer durchaus gespannt sein. Dass beide dem Science-Fiction-Genre nicht abgeneigt sind, haben sie zudem mit Filmen wie „E.T.“ und „Star Trek“ bewiesen. Und so scheint ihr neues Projekt „Super 8“ , bei dem Abrams die Regie übernommen hat, und Spielberg als Produzent fungiert, nur die logische Konsequenz zu sein.

Eine Gruppe von Kindern, unter ihnen Joe (Joel Courtney) und Alice (Elle Fanning), dreht in einer Kleinstadt im Ohio der späten siebziger Jahre einen Zombiefilm mit einer Super-8-Kamera. Als sie eines Nachts an einem Bahnhof eine Szene aufnehmen wollen, werden sie Zeugen eines Zugunglücks. Hierbei handelte es sich jedoch keineswegs um einen normalen Zug, sondern um einen Geheimtransport der Air Force. Als sich anschliessend die unerklärlichen Ereignisse in dem kleinen Ort häufen, scheint klar, dass etwas großes und offenbar gefährliches aus diesem Zug entkommen sein muß. Und auch die verstärkte Präsenz vom Militär scheint darauf hin zu deuten. Als Joe schließlich den entwickelten Film aus seiner Kamera anschaut, hat er die Gewißheit: in dem Zug war ein Monster, welches nun die Stadt in Angst und Schrecken versetzt! Als plötzlich auch noch Alice verschwindet, machen sich Joe und seine Freunde auf die Suche. In einer Höhle unter dem Friedhof werden sie fündig...

Als die ersten Pläne für den Film bekannt wurden, dachte man, es handele sich um eine Fortsetzung des von Abrams produzierten „Cloverfied“. Dem ist jedoch nicht so, auch wenn die Thematik durchaus in eine ähnliche Richtung geht. Stattdessen werden Motive aus Filmen wie „Goonies“ und dem bereits erwähnten „E.T.“ aufgegriffen, in denen jeweils eine Gruppe von Kindern wahnwitzige Abenteuer erlebt. Das Thema des Erwachsenwerdens und die damit verbundenen Probleme und Sorgen kennt man wiederum aus „Stand by me“. Die warmherzige Atmosphäre dieser Filme wurde von den achtziger Jahren ins neue Jahrtausend gerettet, und macht daher „Super 8“ zu etwas einzigartigem. Zwar gibt es auch eine Menge bombastischer Effekte, der modernen Technik sei dank. Jedoch hat man das Gefühl, dass eindeutig die Charaktere und deren Beziehung untereinander im Vordergrund stehen. Dafür sorgen auch die Klasse Jungdarsteller, allen voran Elle Fanning, die kleine Schwester von Dakota Fanning. Lediglich der Schluß des Films ertrinkt ein wenig im Spielbergschen Kitsch. Ansonsten ist das ganze eine durchaus runde Sache. Man sollte übrigens während des Abspanns noch nicht aufstehen, denn als besonderes Schmankerl bekommt man da den fertigen Zombiefilm zu sehen, den die Kinder gedreht haben. Kenner des Genres werden sich über die Anspielung auf George A. Romero, den Urvater alles Zombiefilme, freuen.

Transformers

USA 2007, Länge: 144 Min.

R: Michael Bay, D: Shia LaBeouf, Megan Fox, Josh Duhamel, Jon Voight

Was wurde nicht schon alles zu einem Kinofilm verwurstet? TV-Serien, Comics, Computerspiele, die kreativen Quellen der Produzenten sind scheinbar unerschöpflich. Disney setzte allem die Krone auf, als mit „Fluch der Karibik" ein hauseigener Themenpark „verfilmt" wurde. Wer dachte, es geht nicht mehr schlimmer, wird nun eines besseren belehrt: Denn Michael Bays neuer Film „Transformers" basiert – auf einem Kinderspielzeug. Die Autos, die man in Sekundenbruchteilen in Roboter verwandeln kann, waren in den achtziger Jahren der wahre Verkaufsrenner der Firma Hasbro. Es gab dann Bücher und eine Zeichentrickserie. Und jetzt werden wir also mit einem Spielfilm für die große Leinwand beglückt, moderne Computertechnik machts möglich. Mit allzu großen Erwartungen an eine tiefschürfende Handlung sollte man beim Anschauen natürlich nicht herangehen. Aber diesen Anspruch will der Film auch nicht erfüllen: ganz klar, „Transformers" ist Popcorn-Kino!

Ganz am Rande soll hier noch erwähnt werden, worum es geht: Auf einem fernen Planeten hat sich eine „Spezies" von intelligenten Robotern entwickelt. Im Laufe der Zeit haben sich zwei Gruppierungen herausgebildet, die sich bekämpfen. Die Autobots und die Decepticons, welche sich dem Bösen verschrieben haben. Ein spezieller Würfel bildet die Quelle unendlicher Macht in der Roboterwelt. Keine Frage, daß beide Parteien ihn unbedingt besitzen wollen. Aber der Würfel kommt abhanden. In der ganzen Galaxis wird nach ihm gesucht, und rein zufällig wird man auch fündig – auf der Erde!

Das ist der äußere Rahmen, die Rechtfertigung sozusagen, warum der Showdown hier auf unserem Planeten stattfindet. Daß unfreiwillig einige Menschen in den Konflikt verwickelt werden, und daß es auch so etwas wie eine Liebesgeschichte gibt, ist ja sowieso klar. Aber die menschlichen Darsteller spielen trotz Shootingstar Shia LeBeouf nur eine Statistenrolle, denn die Stars des Films sind Optimus Prime, Bumblebee und co.!

Die erwartungsgemäß dümmliche Geschichte und die klischeehaften, platten Dialoge mal außen vor gelassen: „Transformers" bietet zweieinhalb Stunden prächtige Unterhaltung. Sicherlich hätte man hier oder da noch ein wenig verbessern können. Aber man muß sich immer wieder vor Augen halten, womit man es hier zu tun hat: der Verfilmung eines Spielzeugs! (wenn auch einer sehr teuren) Und als solche funktioniert das ganze doch sehr gut! Zudem fügen sich die CGI-Effekte so gut ins Geschehen ein wie nie zuvor, und bei der Nonstop-Action bleibt kaum Zeit zum Luft holen. Fazit: Nicht überragend, aber doch ganz ordentlich!

Tron: Legacy

USA 2010, Länge: 127 Min.

R: Joseph Kosinski, D: Jeff Bridges, Garrett Hedlund, Bruce Boxleitner, Michael Sheen, Olivia Wilde

Disneys „Tron“ aus dem Jahr 1982 sorgte zur damaligen Zeit aufgrund seiner nie dagwesenen Computereffekte und seines einzigartigen Designs für Furore. An den Kinokassen flopte er zwar, avancierte jedoch im Nachhinein zum regelrechten Kultfilm. Aus diesem Grund war eine Fortsetzung des Klassikers in den letzten Jahren immer wieder im Gespräch. Nach einigem Hin und Her bezüglich der Story und dem Regisseur ist es nun endlich soweit, „Tron Legacy“ präsentiert sich im schicken und zeitgemäßen 3D-Look, und kann erneut mit den Hauptdarstellern Jeff Bridges und Bruce Boxleitner aufwarten.

Blicken wir zurück: Die Handlung war schon im ersten Teil nicht oscarverdächtig, und diente in erster Linie der Rechtfertigung der spektakulären Effekte. Der Programmierer Kevin Flynn (Jeff Bridges) hat das Computerspiel „Tron“ entwickelt, die Rechte jedoch liegen bei der Firma Encom, welche damit ein Vermögen verdient. Um diesen Ideenklau zu beweisen, versuchen Flynn und einige Freunde, darunter Alan Bradley, (Bruce Boxleitner) kleine Programme ins Computersystem von Encom einzuschleusen, welches vom sogenannten MCP (Master Control Program) kontrolliert wird. Diese Programme „leben“ in der virtuellen Welt und haben eine menschliche Gestalt, die der ihres Programmierers entspricht. Durch eine Fehlfunktion wird Flynn jedoch selbst mittels eines Lasers digitalisiert und somit in die virtuelle Welt des Computers versetzt. Dort kämpft er zusammen mit den Programmen „Clu“ (ebenfalls Jeff Bridges) und „Tron“ (Bruce Boxleitner) gegen das MCP, und kann am Ende triumphieren.

Die Fortsetzung versetzt uns nun in die Gegenwart. Kevins Sohn Sam (Garrett Hedlund) begibt sich auf die Suche nach seinem seit fast 20 Jahren verschwundenen Vater. In Flynns alter Spielhalle stößt Sam auf einen geheimen Raum mit einem Computer und viel technischem Gerät. Durch dieses wird er, wie schon zuvor sein Vater, digitalisiert, und findet sich plötzlich in der virtuellen Welt, dem sogenannten Raster wieder. Doch einiges hat sich mittlerweile dort verändert. Das Programm „Clu“ hat die Macht übernommen, und läßt andere Programme in brutalen Spielen gegeneinander antreten.

Unfreiwillig muß Sam nun die schon aus Teil eins bekannten Diskus- und Motorradduelle bestreiten, und kann eine Zeit lang bestehen. Dann wird er jedoch unerwartet vom weiblichen Programm „Quorra“ (Olivia Wilde) gerettet. Diese bringt Sam endlich zu seinem richtigen Vater: Flynn lebt zurückgezogen außerhalb des Rasters, und versteckt sich vor seiner Schöpfung Clu. Quorra stellt sich als letztes Exemplar einer neuen Art heraus, eine Mischung aus Computerprogramm und echter Lebensform. Die anderen Artgenossen wurden allesamt von Clu vernichtet, weil dieser Machteinbußen fürchtete. Es gibt nur einen Weg für Sam und seinen Vater zurück ins normale Leben, und der führt an Clu vorbei. Zusammen mit seinem Vater und Quorra macht er sich auf die gefährliche Reise...

Wem die Geschichte zu viel pseudoreligiöses Geschwurbel a lá „Matrix“ enthält, der hat durchaus recht. Zu offensichtlich sind die Anleihen beim Kultfilm der Wachowski-Brüder. Diesen Anstrich hätte man sich getrost sparen können. Auch sonst zieht die Story einen nicht wirklich vom Hocker. Zu sehr wie ein Remake denn eine Fortsetzung mutet das ganze an. Erfreulich sind aber die Auftritte der alten Haudegen Jeff Bridges (der als Clu per CGI stark verjüngt wurde) und Bruce Boxleitner (der sichtlich gealtert ist). Durch sie, und auch durch zahlreiche kleine Reminiszenzen, wird die Brücke zum ersten Teil geschlagen, und wahren Fans wird das Herz aufgehen.

Visuell ist der Film überraschend schwach, wenn man bedenkt, welche Vorschußlorbeeren er im Vorfeld gerade für diesen Bereich geerntet hat. Natürlich wurde der Look des alten „Tron“ auf Hochglanz poliert, sehen beispielsweise die Motorradduelle sehr gut aus. Aber gerade im Bezug auf die dritte Dimension hatte man sich wirklich mehr erhofft fürs Geld. Der Vergleich mit Camerons „Avatar“ hinkt hier ein wenig: allein die ersten zehn Minuten von letzterem sind spektakulärer als der gesamte „Tron“.

Was dann wieder auf ganzer Linie überzeugen kann, ist der überwältigende Soundtrack der französischen House-Formation „Daft Punk“. Hämmernde Bässe, dynamische Melodien, das alles trägt zur Atmosphäre des Films ungemein bei.

Alles in allem kann „Tron: Legacy“ höchstens die Erwartungen der durchaus vorhandenen Fangemeinde erfüllen. Der normale Kinogänger wird sowohl von der Handlung als auch von der visuellen Umsetzung ein wenig enttäuscht sein.

Untraceable

USA 2008, Länge: 101 Min.

R: Gregory Hoblit, D: Diane Lane, Colin Hanks, Mary Beth Hurt, Billy Burke, Joseph Cross

FBI-Agentin Jennifer Marsh (Diane Lane) arbeitet in der Abteilung für Internet-Kriminalität. Tagsüber kümmert sich die alleinerziehende Mutter um ihre Tochter, nachts spürt sie illegale Seiten und Kreditkartenbetrug im Netz auf. Eines Tages bekommt sie den Hinweis auf eine besonders perverse Seite: www.killwithme.com! Eine kleine Katze wird vor laufender Kamera getötet. Was anfangs wie ein geschmackloser Spaß anmutete, wird zum bitteren Ernst, als einige Zeit später ein Mann zu Tode gequält wird, ebenfalls vor laufender Kamera. Je mehr Klicks die Seite hat, desto schneller wird der Tod des Mannes herbeigeführt. Als weitere Opfer folgen, beginnt für Jennifer und ihr Team ein Wettlauf gegen die Zeit.

Das Internet ist in den letzten Jahren immer mehr zu einem Tummelplatz von perversen und gestörten Existenzen verkommen. Die Anonymität hat dafür gesorgt, daß die Menschen auch immer weniger Tabus kennen, und Grenzen überschreiten, die sie im echten Leben niemals überschritten hätten. Diese Thematik kritisch in einem Film aufzugreifen, ist an sich eine gute und lobenswerte Idee. Bei „Untraceable" hapert es jedoch an der äußerst dilettantischen Umsetzung. Die Geschichte ist so vorhersehbar wie ein Kasperltheater, und die Dialoge suchen an Plattheit ihresgleichen. Dazu kommen einige typische Horrorfilmklischees, und die Tatsache, daß weitgehend bei Vorbildern wie „Saw" und „Hostel" geklaut wurde. Zu den schablonenhaften Charakteren baut man null emotionale Bindung auf, es ist einem schlicht egal, was mit ihnen passiert. Einzig und allein einige Spannungsmomente sorgen dafür, daß´der Film kein Totalreinfall geworden ist. Man hätte es aber wesentlich besser machen können.

Vampire Nation (Stake Land)

USA 2010, Länge: 98 Min.

R: Jim Mickle, D: Danielle Harris, Connor Paolo, Nick Damici, Michael Cerveris, Kelly McGillis

In einer durch eine Katastrophe entvölkerten und von Vampiren bewohnten Welt kämpft der junge Martin (Connor Paolo) ums nackte Überleben. Begleitet und beschützt wird er von einem erwachsenen Mann (Nick Damici), der nur als "Mister" bekannt ist. Gemeinsam sind sie auf der Suche nach der Stadt "New Eden", die irgendwo im Norden liegen soll. Dort herrschen angeblich paradiesische Zustände, wie der Name schon andeutet. Auf ihrem Weg dorthin müssen sie sich jedoch nicht nur mit den nächtlichen Angriffen der blutgierigen Bestien auseinandersetzen. Die "Bruderschaft", eine fanatische Sekte unter der Führung des wahnsinnigen Jebediah (Michael Cerveris) sieht die Vampirplage als Strafe Gottes an. Als Jebediahs Sohn versucht, eine Nonne (Kelly McGillis) zu vergewaltigen, und dabei von Mister getötet wird, macht die Bruderschaft gnadenlos Jagd auf das Duo.

Einen überaus interessanten Ansatz der Vampirthematik bietet "Stake Land", wie der Film im Original heißt. Warum der deutsche Verleih daraus den plakativen und unpassenden Titel "Vampire Nation" gemacht hat, ist völlig unverständlich. Mehr wie vom Instinkt getriebene Raubtiere mit einem Hauch Zombie muten die Blutsauger in diesem Film an. Dass sie nicht sprechen, macht sie noch um einiges bedrohlicher. Dabei haben die Maskenbildner wirklich erstklassige Arbeit geleistet, denn man hat komplett auf den Einsatz von Computereffekten verzichtet. Schade, dass die Macher von "I am legend" seinerzeit nicht den gleichen Weg beschritten haben. Der Film hätte dadurch nämlich eindeutig an Qualität gewonnen.

Das Endzeitszenario wird in düsteren Bildern überzeugend eingefangen, und nicht zu Unrecht wird auf dem DVD-Cover der Vergleich zu "The Road" gezogen. Der Film ist deshalb immer dann besonders stimmungsvoll, wenn Martin allein mit Mister unterwegs ist. Von diesen Szenen hätte man sich mehr gewünscht. Der Charakter des "Willie" ist beispielsweise völlig überflüssig und hat für die Dramaturgie des Films keinerlei Bedeutung. Weniger wäre hier mehr gewesen.

Noch ärgerlicher ist allerdings die Einführung der "Bruderschaft". Dieses Sekten-Geschwurbel war schon in anderen eigentlich guten Filmen das Knockout-Kriterium. Man denke hier nur an "Der Omega Mann" oder "Silent Hill". Als Jebediah am Ende dann auch noch in Endgegner-Manier als "Super-Vampir" anfängt, zu reden, verliert die Bedrohung endgültig ihren Schrecken. Das ist insofern schade, als dass die Idee hinter "Stake Land" wirklich gut und innovativ ist, und ein erhebliches Potential birgt. So ist aber anstatt einem modernen Klassiker nur ein solider, in Teilen überzeugender Film im Genre Endzeithorror entstanden.

Das Waisenhaus (El Orfanato)

MEX/SP 2007, Länge: 105 Min.

R: Juan Antonio Bayona, D: Belén Rueda, Geraldine Chaplin, Fernando Cayo, Mabel Rivera, Roger Príncep

Laura (Belén Rueda) kehrt mit ihrem Ehemann Carlos und Adoptivsohn Simón in das Waisenhaus zurück, in dem sie als Kind eine Weile gelebt hat. Sie hat das Objekt gekauft und möchte dort ein Heim für behinderte Kinder einrichten. Das unheimliche Anwesen strahlt jedoch etwas übersinnliches aus. Immer wieder taucht eine rätselhafte alte Frau (Geraldine Chaplin) auf, und Simón erzählt von einem kleinen Jungen, Tomás, den nur er sehen kann. Als ihr Sohn eines Tages spurlos verschwindet, wendet sich Laura an ein Medium, weil sie nicht an Simóns Tod glaubt. Nach und nach enthüllen sich schreckliche Dinge, die sich in der Vergangenheit ereignet haben...

„Das Waisenhaus" ist ein stimmungsvoller kleiner Horrorfilm aus Spaniens Talentschmiede im Dunstkreis von Guillermo del Toro, welcher auch als Produzent tätig war. Dessen Vorliebe für intensive Bildersprache und atmosphärische Kompositionen ist denn auch überall zu erkennen. Ein Waisenhaus als Schauplatz für einen Gruselfilm könnte besser nicht gewählt sein, und das gleichermaßen überraschende wie ergreifende Ende erinnert nicht umsonst an „The Others". An manchen Stellen bleibt jedoch die Logik etwas auf der Strecke, und es gibt einige unnötige Splatterszenen, die die ansonsten tolle Stimmung eher zerstören. Trotz dieser kleineren Makel darf der geneigte Horrorfan gerne einen Blick riskieren.

Die Welle

D 2008, Länge: 107 Min.

R: Dennis Gansel, D: Jürgen Vogel, Frederick Lau, Jennifer Ulrich, Max Riemelt, Christiane Paul

Weil seine Klasse nicht an die Möglichkeit einer erneuten Dikatur in Deutschland glaubt, führt Gymnasiallehrer Rainer Wenger (Jürgen Vogel) während der Projektwoche ein einzigartiges Experiment mit seinen Schülern durch: alle dürfen ihn nur noch mit „Herr Wenger“ anreden, und jeder der sprechen will, muß dazu aufstehen. Disziplin und Gehorsam werden an erste Stelle gesetzt und eine einheitliche „Uniform“ wird eingeführt. Schon nach kurzer Zeit entwickelt sich eine unglaubliche Eigendynamik: schüchterne Schüler blühen auf, einer entwirft ein gemeinsames Logo, einer gestaltet eine eigene Website. Die Gruppe gibt sich den Namen „die Welle“, und Außenstehende oder Andersdenkende werden radikal ausgegrenzt. Als es zu ersten gewalttätigen Handlungen kommt, erkennt Wenger, daß die Sache außer Kontrolle geraten ist, und will das Experiment abbrechen. Damit sind einige Schüler jedoch gar nicht einverstanden...

Auf wahren Tatsachen beruht der neue Film mit Jürgen Vogel. Das Experiment hat in den sechziger Jahren in den USA wirklich stattgefunden. Auch dort wurde es wegen Eskalation abgebrochen. 1981 gab es dann schon einmal eine Verfilmung, die noch heute in den Schulen als „Lehrfilm“ gezeigt wird. Die jetzt vorliegende Kinofassung ist natürlich für die große Leinwand etwas reißerischer aufgemacht. Der reale Hintergrund ist das eigentlich beunruhigende an der Thematik. Mit der richtigen Person an der Spitze und ein paar psychologischen Tricks scheint es wohl auch heute noch, in unserer scheinbar aufgeklärten Zeit, möglich zu sein, eine Alleinherrschaft mit bedingungslosem Gehorsam aufzubauen. Aber wen wundert das eigentlich? Die Menschen sehnen sich scheinbar nach etwas, woran sie festhalten können, nach jemand, der ihnen eine Aufgabe gibt. Besonders die Jugend scheint davon betroffen zu sein. Echtes politisches Engagement ist heutzutage wohl eher die Ausnahme in dieser oberflächlichen Spaßgesellschaft.

Wie dem auch sei, wenn der Film auch ein wenig übertrieben wirkt, so ist er doch äußerst effektiv und aufrüttelnd. Das liegt nicht zuletzt am intensiven Spiel der Hauptdarsteller, allen voran Jürgen Vogel. Bleibt nur noch zu hoffen, daß uns eine Diktatur, in welcher Form auch immer, für alle Zeiten erspart bleibt!

www.ingramcontent.com/pod-product-compliance
Ingram Content Group UK Ltd.
Pitfield, Milton Keynes, MK11 3LW, UK
UKHW012239240726
13966UKWH00003B/1160